经济与政治基础

修订版

《经济与政治基础》编写组　编写

苏州大学出版社

图书在版编目(CIP)数据

经济与政治基础/张以清,袁琦兰主编;《经济与政治基础》编写组编写.—修订本.—苏州:苏州大学出版社,2013.4(2021.7重印)
五年制高职德育系列教材
ISBN 978-7-5672-0466-9

Ⅰ.①经… Ⅱ.①张…②袁…③经… Ⅲ.①经济学－高等职业教育－教材②政治－中国－高等职业教育－教材 Ⅳ.①F0②D6

中国版本图书馆 CIP 数据核字(2013)第 065829 号

经济与政治基础(修订版)
《经济与政治基础》编写组 编写
责任编辑 施 放

苏州大学出版社出版发行
(地址:苏州市十梓街1号 邮编:215006)
丹阳兴华印务有限公司印装
(地址:丹阳市胡桥镇 邮编:212313)

开本 787mm×1 092mm 1/16 印张 10.75 字数 265 千
2013 年 4 月第 1 版 2021 年 7 月第 13 次修订印刷
ISBN 978-7-5672-0466-9 定价:26.00 元

苏州大学版图书若有印装错误,本社负责调换
苏州大学出版社营销部 电话:0512 - 67481020
苏州大学出版社网址 http://www.sudapress.com

五年制高职德育系列教材编委会

主　任　张建初　耿曙生
编　委　（以姓氏笔画为序）
　　　　王　蔚　田　雷　朱坤泉　许曙青
　　　　李国宝　邹　燕　张以清　陈兴昌
　　　　邵　健　庞清秀　曾　天　路柏林

《经济与政治基础》编写组

主　　编　张以清　袁琦兰
编写人员　张以清　潘桂珍　袁琦兰　顾　铉
　　　　　薛　琴　李洪荣　王家兵

编写修订说明

　　五年制高等职业教育是我国高等教育的一种特殊形式,其特殊性主要表现在:一是生源为初中毕业生,学生入学年龄小,在校时间长,身心成长的跨度大、可塑性强,处于未成年人向成年人转型的关键时期;二是培养目标定位于大专层次的高等职业技术应用型人才。五年制高职教育的这种特殊性,既对传统的学校德育教育提出了挑战,也为德育课程的改革和创新提供了机遇。

　　由于五年制高职办学时间不长,加之德育课程建设有其自身的规律,因此相对于各专业课程教材的改革而言,五年制高职德育教材建设比较滞后,各院校基本上还是沿用中等职业学校的德育教材或选用普通高校的"两课"教材,造成教学内容或是简单重复,或是难以消化,德育效果受到不同程度的影响。鉴于目前各院校对改革德育课程教材的急迫需求,我们在反复调研论证的基础上,组织有关高职院校的专家和学科带头人编写了这套五年制高等职业教育德育课系列教材。

　　编写该系列教材的指导思想是:以邓小平理论、"三个代表"重要思想和科学发展观、习近平新时代中国特色社会主义思想为指导,认真落实党的十九大精神,坚持科学发展观,深入贯彻《中共中央国务院关于进一步加强和改进未成年人思想道德建设的若干意见》、《关于进一步加强和改进大学生思想政治教育的意见》和《中共中央国务院关于深化教育改革全面推进素质教育的决定》,教育学生拥护中国共产党的领导,坚持党的基本路线,掌握马克思主义、毛泽东思想和邓小平理论的基本原理,具有爱国主义、集体主义、社会主义思想和良好的思想品德,努力使自己成为德、智、体、美各方面全面发展,适应新世纪我国生产建设和管理服务第一线需要的高素质应用型人才。

　　教材的编写力求体现以下特色:一是适当调整教材理论的难度深度,不强调学科知识的系统性,体现基础性和够用为度的原则,并注意与初中阶段相关知识的衔接,简明扼要,重点突出,使学生听得懂,好消化;二是贴近学生、贴近生活、贴近职业需求,体现应用性要求,无论是内容的阐述、资料的选择,还是体例的编排、栏目的设计,都致力于提升学生应对和解决实际问题的能力,使之在体验性学习中学有所得,学以致用;三是适应这一阶段学生认知发展的特殊性,教材从内容到形式注意丰富多样,有的在每章开头设有学习提示,简要告知本章主要内容和意义、学习目标和教学方法;有的则在正文中按需设置了多个栏目,或是启发思考,或是解疑答难,或是延伸拓展;每章结尾都安排了思考练习或探究活动,使学习过程生动活泼,富有成效。为方便教学,我们还组织编写了与教材配套使用的学习指导与训练。

教材自2008年出版后,我们通过多种渠道和方式听取使用学校意见,并结合近年来我国经济、政治和社会生活发展变化的实际,于2012年启动了全面修订工作,力求使教材内容更加贴近教学需要。2018年,我们组织作者再次对教材进行了局部修订。

五年制高职德育教材建设是一项带有探索性的工作,受到多方面条件的制约。尽管我们做了很大努力,但难免存在这样或那样的问题和不足。祈请不吝指正,以便我们在以后的修订中不断完善。

五年制高职德育系列教材编委会

前　言

　　当前,伴随着经济全球化进程的深入,不同国家之间的经济与政治交流日益增多,同时,不同文化、不同价值观之间的冲突也时有发生。在经济和政治方面了解中国,了解世界,是青年学生的学习任务之一。职业院校学生即将走向社会,在开放环境中提高分析政治和经济问题的能力,提升自己适应社会、成为合格公民的需要更加迫切。本教材通过对经济与政治基本知识以及其他人文社会科学相关知识的介绍,旨在帮助学生提高分析问题的能力,把其培养成为具有经济常识、国民意识和良好人文素质以及社会责任感的现代公民。

　　本教材的特色是:内容上贴近社会,贴近学生的生活实际;形式上案例丰富、新颖实用;表达上生动活泼、深入浅出,适合职业院校德育教育实际。

　　本书由无锡机电高等职业技术学校张以清与常州刘国钧高等职业技术学校袁琦兰担任主编,负责大纲和体例的制定。第一章由张以清编写,第二、第七章由常州建设高等职业技术学校潘桂珍编写,第三、第五章由袁琦兰编写,第四、第九章由无锡机电高等职业技术学校顾铉编写,第六章由扬州高等职业技术学校薛琴编写,第八章由南京工程高等职业学校李洪荣编写,全书由张以清负责统稿。

　　本教材是应职业院校德育课程改革之需而尝试编写的,由于编者水平有限,不论是教材的内容、形式本身,还是从课程实施的角度审视,定有许多不当之处,恳请各校师生及专家批评指正。

目 录

第一章 生活中的消费者/1
第一节 商品 …………………………………………………………… (1)
第二节 货币 …………………………………………………………… (4)
第三节 消费 …………………………………………………………… (13)

第二章 生活中的劳动者/21
第一节 认识企业 ……………………………………………………… (21)
第二节 企业的经济效益 ……………………………………………… (25)
第三节 企业的劳动者 ………………………………………………… (29)
第四节 全面建成多层次的社会保障体系…………………………… (32)

第三章 生活中的理财者/37
第一节 国家的收入与支出 …………………………………………… (37)
第二节 税收 …………………………………………………………… (41)
第三节 个人收入的分配 ……………………………………………… (45)
第四节 投资与理财 …………………………………………………… (48)

第四章 面对市场经济/54
第一节 社会主义市场经济 …………………………………………… (54)
第二节 全面建成小康社会 …………………………………………… (66)

第五章 放眼经济全球化/79
第一节 经济全球化趋势 ……………………………………………… (79)
第二节 我国的对外经济关系 ………………………………………… (83)

第六章 完备的国家制度/89
第一节 我国的国体 …………………………………………………… (89)
第二节 我国的政体 …………………………………………………… (97)
第三节 公民的政治权利与义务 ……………………………………… (104)

第七章 和谐的政党制度/109
  第一节 政党制度 …………………………………………………… (109)
  第二节 我国的政党制度 ………………………………………… (111)

第八章 高效的国家管理/121
  第一节 国家的结构形式 ………………………………………… (121)
  第二节 我国的民族政策 ………………………………………… (128)
  第三节 我国的宗教政策 ………………………………………… (138)

第九章 务实的中国外交/147
  第一节 当代国际社会 …………………………………………… (147)
  第二节 中国外交 ………………………………………………… (151)

第一章 生活中的消费者

生活中,无论是谁都离不开消费。我们都是生活中的消费者,每天需要购买各种商品满足自己的需求,我们的学习就先从认识商品开始。什么是商品?什么是质优价廉的商品?我们又是如何来选择的?在经济生活中,货币和各种信用工具起到什么样的作用?我们如何看待多种多样的消费方式和消费行为?这些都是本章节所要探究的内容。通过学习,我们可以了解商品及其基本属性,货币的本质和职能,形成对待金钱的正确态度,理性面对消费观念的变化。

第一节 商 品

在城镇生活中,居民吃、穿、用所需要的各种物品,都得花钱去买;教室里,书、笔、纸,无一不是买来的。在农村,农民进行农业生产所需要的化肥、农药等,也是通过购买获得的。这些需要购买的物品都是商品。那么,商品的科学含义是什么呢?

一、商品及其基本属性

1. 商品

我们从市场上购买的物品,是人们耗费一定的劳动生产出来的。人们生产这些物品不是为了自己享用,而是为了拿到市场上去交换。这些用于交换的劳动产品就是商品。

凡商品必须是劳动产品,如果不是劳动产品(如阳光、空气等),就不能成为商品。劳动产品如不用于交换,也不能成为商品。因为,商品不是供生产者自己消费的,而是供别人、供社会消费的,并且是通过交换才到达别人手中的。

过年时,妈妈给小明买了一双鞋,爸爸送了他一本书,叔叔送来了自家种的青菜和红薯。

思考:这里的鞋、书、青菜、红薯都是商品吗?为什么?

2. 商品的基本属性

商品是通过交换供别人、供社会消费的劳动产品。因此,一种劳动产品要成为商品,首先必须有用,能满足人们的某种需要。商品能够满足人们某种需要的属性就是商品的使用价值。商品必须具有使用价值,没有使用价值的物品不是商品。

 **想一想**

商品有使用价值,其他自然物品、劳动产品有没有使用价值?

商品除了具有使用价值以外,还必须能同其他商品相交换。不同的商品相交换,两者之间必然存在一定的比例。例如,1只鸡＝2斤米。在物物交换时期,人们直接用手中的商品换取对方的商品,交换的过程中人们渐渐有了量的认识,人们逐渐知道了用一只鸡换两斤米对双方都比较合适,因此得出这样的等式。可是,在1只鸡和2斤米这两样商品中相等的到底是什么?是使用价值吗?是重量吗?是颜色、形状吗?都不是。那么是什么呢?这些不同的商品能够进行交换,是因为它们都是劳动产品,尽管养鸡和种大米的具体劳动形式是不一样的,但都凝结了人类劳动。抛开所有劳动的具体形式上的差别,只把劳动理解成人类脑力或体力的消耗,任何劳动产品的生产都耗费了人的体力和脑力,即无差别的人类劳动。商品交换实质上是商品生产者之间的劳动交换。凝结在商品中的人类劳动就是商品的价值。

任何商品都有价值,但商品的价值不能自我表现出来,必须通过交换,由另一种商品表现出来。在"1只鸡＝2斤米"这个等式中,1只鸡的价值是通过2斤米表现出来的,2斤米是1只鸡的交换价值。用一种商品来表现另一种商品的价值,用来表现其他商品价值的商品就是交换价值。要交换,就要进行比较,就必然会有交换价值。交换价值是价值的表现形式,价值是交换价值的基础。

 **想一想**

生活中,我们常说"物美价廉"、"货真价实"、"优质优价",这些词语都能表现出商品具有使用价值和价值两种基本属性。那么,这些词语是怎样体现商品的基本属性的?

由此可见,商品是用于交换的劳动产品,具有使用价值和价值两重属性。商品是使用价值和价值的统一体,两者缺一不可。只有使用价值的物品,可能是自然物,也可能是劳动产品,但它没有价值,不能称其为商品。价值自身不能凭空存在,必须以使用价值作为物质承担者,没有使用价值也就谈不上价值。总之,有使用价值的东西不一定有价值,有价值的东西必然有使用价值。

二、商品的价值量

1. 商品价值量的含义

商品的价值量是指商品价值的大小。商品的价值是由劳动形成的。商品价值量的大小就是由生产商品所耗费的劳动量决定的。劳动量既不能用尺子量,也不能用秤称,只能用劳动时间来计算。生产一种商品所耗费的劳动量越多,这种商品的价值量就越大。

2. 商品价值量的决定

但是,在现实生活中,生产同一种商品的生产者有许许多多,他们劳动有勤有懒,生产工具有好有差,技术水平有高有低,因而所用的劳动时间即个别劳动时间是不一样的。商品的价值量由谁的劳动时间决定呢?如果商品的价值量由个别劳动时间决定,同一种商品就会有多种多样的价值量,而且那些越是懒惰、使用的生产工具越差、生产技术水平越低的生产者生产的商品,价值量反而越大。显然,现实的经济生活中,不可能有这种情况。可见,商品的价值量不是由各个商品生产者所耗费的个别劳动时间决定,而是由社会必要劳动时间决定的。社会必要劳动时间,是指在现有社会正常的生产条件下,在社会平均的劳动熟练程度和劳动强度下,制造某种商品所需要的劳动时间。

所谓"现有的社会正常的生产条件"是指现时社会上同一生产部门内绝大多数商品生产者已经达到的生产条件。其中最主要的是使用什么样的劳动工具。比如织布,如果社会上绝大部分布匹是用机器织出来的,而手工织的布只是很小的一部分,用电脑操作织的布更是极少数,那么,使用机器就是现有的社会正常的生产条件。社会正常的生产条件不是固定不变的,而是随着科学技术的发展而变化的。"社会平均的劳动熟练程度和劳动强度"是指某一生产部门里,绝大多数劳动者的劳动技能水平和劳动紧张程度。

社会必要劳动时间对于每个商品生产者来说,具有十分重要的意义。如果商品生产者的个别劳动时间低于社会必要劳动时间,他生产商品所耗费的劳动时间,不仅能全部得到补偿,还可以获得盈利,在竞争中处于有利地位;如果他的个别劳动时间等于社会必要劳动时间,他生产商品所耗费的劳动只能得到完全的补偿;如果他的个别劳动时间高于社会必要劳动时间,他生产商品所耗费的劳动就有一部分得不到补偿,出现亏本,在竞争中处于不利地位,甚至破产。

甲、乙、丙、丁都是独立的生产经营者,都生产布,当时绝大部分都用织布机生产,甲、乙、丙用织布机,丁用手工织布,生产同样一匹布,甲用10小时,乙用12小时,丙用8小时,丁用20小时。试问:(1)谁生产的布匹的价值量大?为什么?(2)一匹布的价值量是多少?

3. 商品价值量与劳动生产率的关系

商品生产者怎样才能降低自己生产商品所用的个别劳动时间呢?唯一的办法是提高劳动生产率。劳动生产率就是劳动者的生产效率。通常有两种表示方法:一种是单位时间内生产的产品数量;一种是生产单位产品所耗费的劳动时间。劳动生产率越高,在单位时间内生产的产品数量就越多,平均到单位产品上的劳动时间就越少。

如果生产某种商品的生产者普遍提高了劳动生产率,就会导致生产该商品的社会必要劳动时间缩短,从而使单位商品的价值量降低。若其他因素不变,单位商品的价值量与生产该商品的社会劳动生产率成反比。

在我们今天的生活中,电脑已日益普及。然而当世界上第一台电子计算机问世时,售价要上万美元,现在办公电脑通常也只需几百美元,最便宜的家用电脑只需几十美元。几十年来,电脑的价格已降到原来的几百分之一。近年来,我国的电子产品也降到了原来价格的50%左右。在今天,类似的这种情况已经屡见不鲜,其原因就在于社会劳动生产率的不断提高。

第二节 货 币

在日常经济生活中,我们离不开货币:吃、穿、用所需要的物品,大多要用货币去购买。一张张纸币为什么能用来购买任何一种商品?它为什么会有如此神奇的力量?我们应当如何理性地认识和对待它呢?

一、货币的产生和本质

一切商品交换都以货币为中介,货币成为一切商品价值的表现形式,从而成为社会财富的一般代表。其实,在历史上,货币的出现要比商品晚得多。货币是商品交换发展到一定阶段的产物。

1. 货币的产生

原始社会末期,出现了最初的商品交换。当时人们只是用多余的产品来交换,是一种偶然的物物交换。例如,用两只羊去交换一把石斧。这种交换用等式表示就是:2只羊 = 1把石斧。在这个等式中,2只羊的价值通过1把石斧表现出来,石斧是表现羊的价值的手段。我们把表现其他商品价值的商品称为等价物。

想一想

羊和石斧的使用价值不同,为什么2只羊=1把石斧?

随着社会生产力和社会分工的发展,物物交换不断扩大,参加商品交换的种类越来越多。这时,一种商品经常和多种商品交换。如反映古代奴隶社会生活的古希腊最伟大的作品《荷马史诗》中提到人们可以用各种商品甚至可以用奴隶来换酒喝。但是,随着参与交换商品种类的增多,物物交换的缺点也越来越明显。因为物物交换要求双方都需要对方的商品,交换才能成功,否则交换就不能进行。随着交换的进一步扩大,交换双方不一定正巧需要对方的商品,这经常使交换发生困难。

读一读

一位美国人到非洲原始丛林旅游,看到水天一色,便想租用部落的独木舟泛游于湖上。当他拿出美元去租船时,船的主人拒绝了,提出要用象牙交换。这位美国人于是来到另外一个有象牙的部落用美元购买象牙,不料又遭到拒绝,主人提出要用纱布交换。于是他又来到一个有纱布的部落,用美元购买纱布,没想到也遭到拒绝,主人提出要用针来交换。他猛然想起帽子上别了几根针,于是他用针换回了纱布,又用纱布换回了象牙。当他拿着象牙来找船主时,船主已经回家了。这位美国人十分沮丧。

在长期的交换过程中,人们找到了克服"商品—商品"交换困难的办法,这就是先把自己的东西换成市场上大家普遍乐意接受的商品,然后再用这种商品去换回自己所需要的东西。这种大家普遍乐意接受的商品便成为一般等价物,它表现其他一切商品的价值,充当商品交换的媒介。

读一读

一般等价物出现以后,商品交换就分成了两步:第一步,用自己的商品换成一般等价物;第二步,用一般等价物换取自己需要的商品。这种商品交换已经不是直接的物物交换,而是以一般等价物为媒介的交换。历史上充当过一般等价物的商品很多,比如牲畜、布匹、贝壳等。

早期出现的一般等价物

2. 货币的本质

一般等价物的不固定、不统一使商品交换仍有许多不便，客观上需要用一种商品固定地充当统一的一般等价物。人们在长期交换中发现贵金属即金银有体积小、价值大、易于分割、不易磨损、便于保存和携带等特点，最适合充当一般等价物，于是金银就逐渐地取代了其他商品而成为固定统一的一般等价物。从商品中分离出来固定充当一般等价物的商品，就是货币。货币的本质是一般等价物。

二、货币的基本职能

在日常生活中，人们往往把货币称为钱。在不同的场合，钱具有不同的作用。比如，在大型超市里，钱可用来购买任何商品，表现为一手交钱、一手交货。人们有了余钱之后，又往往把钱存起来。如果到国外去，需要购买商品，事先还必须兑换成外币。在这些活动中，货币的作用和功能是各不相同的。这就需要了解有关货币职能的知识。

货币的职能是指货币在经济生活中所起的作用，它是货币本质的体现。货币有价值尺度、流通手段、贮藏手段、支付手段、世界货币五种职能。它们是在商品交换发展的不同阶段上逐步具备的。货币从产生时起，就具有价值尺度和流通手段两种基本职能。

1. 价值尺度

货币所具有的表现和衡量其他一切商品价值大小的职能，叫价值尺度。货币之所以能成为价值尺度，是因为货币也是商品，也有价值。货币产生以后，一切商品的价值都由货币来表现，商品价值的大小就表现为货币的多少。

货币充当价值尺度，它自身必须有一定的计量单位。最初，往往是按习惯采用原来金、银重量单位的名称。例如，我国历史上用白银作货币时，曾以"两"为计算单位。后来，货币名称与金、银重量单位名称逐渐分离了，各国都规定了货币单位名称。如英国的"英镑"、美国的"美元"、法国的"法郎"、中国的"圆"等。

通过一定数量的货币表现出来的商品价值，叫做价格。价格是价值的货币表现，价值是价格的基础。价格的高低在一般情况下与商品价值的大小成正比。货币执行价值尺度职能，就是把商品的价值表现为一定的价格。

货币执行价值尺度职能时,并不需要现实的货币,只需要观念上的货币。

2. 流通手段

最初的商品交换是直接的物物交换,它的公式是:商品(W)—商品(W)。货币出现以后,商品所有者把自己的商品先换成货币,再用货币换自己需要的商品。货币充当商品交换媒介的职能,叫做流通手段。以货币为媒介的商品交换,叫做商品流通。它的公式是:商品(W)—货币(G)—商品(W)。执行流通手段的货币,必须是实实在在的货币,不能是观念上的货币。

人们买卖东西时常说:"一手交钱,一手交货。"在这里,钱主要起什么作用?

货币除了具有价值尺度和流通手段两种基本职能外,还具有贮藏手段、支付手段、世界货币的职能。货币作为社会财富的代表被保存起来,这时货币执行着贮藏手段的职能。作为贮藏手段的货币,应该是足值的金属货币。

货币被用来清偿债务或支付赋税、租金、工资等,就是货币支付手段的职能。它是随着商品赊账买卖的产生而出现的。

货币越出国内市场,在世界市场购买外国商品,支付国际收支差额,作为社会财富的代表在国与国之间转移时,它就具有了世界货币的职能。一般说来,只有黄金或白银才能作为世界货币。现在,某种纸币(如美元、欧元等)也具有了世界货币的职能。

三、纸币

1. 纸币的产生

金属货币最初采用金银条块的形式流通,每次使用都要称重量、验成色,很不方便,于是就出现了具有一定形状、重量、成色和面额价值的铸币。金属铸币在长期流通过程中不断磨损,减轻了重量,就会变成不足值的货币,但它仍然可以同足值的货币一样使用。这种情况表明,货币作为流通手段可以由价值符号代替,于是就产生了作为金属货币符号的纸币。纸币是由国家(或某些地区)发行的、强制使用的价值符号。与金属货币相比,纸币具有以下优点:第一,纸币的制作成本低;第二,避免了铸币在流通中的磨损,防止贵金属的无形流失;第三,纸币比金属货币更容易保管、携带和运输。所以,纸币被世界各国普遍使用。

世界主要国家(地区)纸币

2. 纸币的发行量

纸币是由国家发行的,但发行的数量不是任意的。纸币的发行量必须以流通中所需要的货币量为限度。商品流通中所需要的货币量取决于三个因素:第一,待销售的商品数量;第二,商品的价格水平;第三,货币流通速度(单位时间内货币流通的次数)。前两个因素的乘积构成商品的价格总额。计算流通中所需要的货币量的公式是:

$$流通中所需要的货币量 = \frac{商品价格总额}{货币流通次数}$$

如果纸币的发行量超过这个限度,就会引起物价上涨,影响人民的生活和社会的经济秩序;如果纸币发行量小于这个限度,就会使商品销售发生困难,直接阻碍商品流通。

如果货币的实际供应量超过流通中所需要的货币量,就会导致通货膨胀。通货膨胀,是指经济运行中出现的物价总水平持续上涨的现象。货币供应量过多是导致通货膨胀的原因之一。

通货紧缩,是与通货膨胀相反的一种经济现象。它表现为物价总水平持续下跌的现象。

人民币是中国的法定货币。1948年12月1日,中国人民银行成立时,发行了我国历史上第一套统一的人民币。

从那时起至今,人民币一共发行了五套。

第一套人民币从1948年12月1日起发行,这套人民币共有12种面额:1元、5元、10元、20元、50元、100元、200元、500元、1 000元、5 000元、10 000元、50 000元。

第二套人民币于1955年3月1日开始发行,同时收回第一套人民币。第二套人民币共有1分、2分、5分、1角、2角、5角、1元、2元、3元、5元、10元共11种面额,其中1元有2种,5元有2种,1分、2分和5分有纸币、硬币2种。

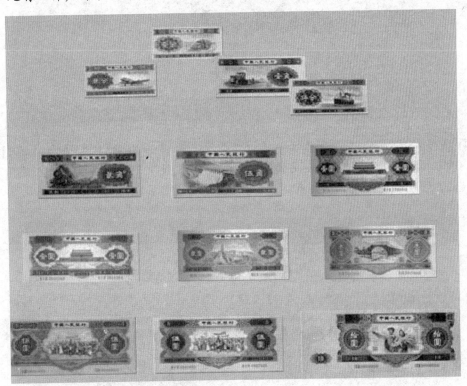

第三套人民币于1962年4月20日发行,共有1角、2角、5角、1元、2元、5元、10元共7种面额、13种版别,其中1角有4种(包括1种硬币),2角、5角、1元有纸币、硬币2种。

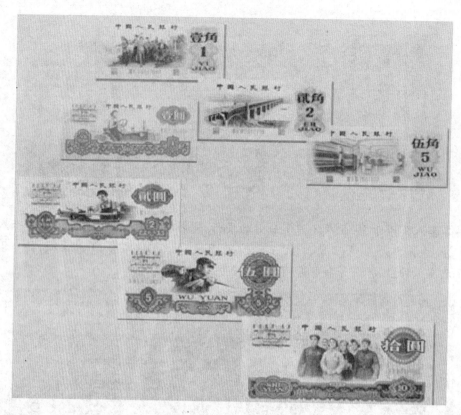

1987年4月27日,发行第四套人民币。共有1角、2角、5角、1元、2元、5元、10元、50元、100元共9种面额,其中1角、5角、1元有纸币、硬币2种。与第三套人民币相比,增加了50元、100元大面额人民币。

1999年10月1日,中国人民银行陆续发行第五套人民币,共有1角、5角、1元、5元、

10元、20元、50元、100元共8种面额,其中1角、5角、1元有纸币、硬币2种。第五套人民币根据市场流通需要,增加了20元面额,取消了2元面额,使面额结构更加合理。2005年底,中国人民银行发行2005年版第五套人民币,主图案与1999保持一致,但变光数字、面额水印位置调整,背面面额数字加后缀"YUAN"等。

人民币是国家形象的代表,爱护人民币是公民义不容辞的职责。我们要做到不在人民币上乱写乱画,不揉搓、毁坏人民币,不使用假币。同时,还要了解一些防伪知识,提高鉴别假钞的能力。

对于一些不法之徒企图通过制造假币牟取不义之财的行为,国家将依法予以严惩。

我国刑法第170条规定:伪造货币的,处3年以上10年以下有期徒刑,并处5万元以上50万元以下罚金;伪造货币集团的首要分子,伪造货币数额特别巨大的,有其他特别严重情节的,处10年以上有期徒刑、无期徒刑或者死刑,并处5万元以上50万元以下罚金或者没收财产。

随着信息技术的迅猛发展,特别是银行计算机网络化的实现,出现了用电子计算机进行贮存、购买、支付的"电子货币",人们越来越多地借助银行的电子计算机完成自动转账业务。

四、信用工具和外汇

日常生活中,当我们去商店买东西时,如买笔,我们会直接给店主钱。然而,当我们要在网上购买一件货物或是向一些外地商家买东西,该怎么办呢?

1. 信用工具

人们常用的结算方式:现金结算和转账结算。前者主要是用纸币来完成经济往来的支付行为,后者是双方通过银行转账来完成经济往来的收付行为。信用卡、支票等,是经济往来结算中经常使用的信用工具。

(1)信用卡。

信用卡是具有消费、转账结算、存取现金、信用贷款等部分或全部功能的电子支付卡。其中,银行信用卡是商业银行对资信状况良好的客户发行的一种信用凭证。

信用卡可以集存款、取款、消费、结算、查询为一体,能减少现金携带的不便,简化收款手续,方便购物消费,增强消费安全,给持卡人带来诸多便利。

为增强适应现代经济生活的能力,我们应该有意识地了解与信用卡相关的知识。

信用卡大小如同身份证,一般用特殊的塑料制成,正面上印有特别设计的图案、发卡机构的名称及标识,并有用凸字或平面方式印制的卡号、持有者的姓名、有效期限等信息;卡片背面则有用于记录有关信息的磁条、供持卡人签字的签名条及发卡机构的说明等。

当取款时发生吞卡时,可拨打 ATM 机上的银行客户服务电话,询问吞卡原因。如是 ATM 机出了故障,持卡人应在吞卡后 3 个工作日内,持本人有效身份证件及其他可以证明为卡片持有者的材料到 ATM 所属网点办理领卡手续。

发现信用卡遗失了,要立即到附近发卡行的分支机构办理挂失手续,然后按规定程序换领新卡。

(2) 支票。

支票是活期存款的支付凭证,是出票人委托银行等金融机构见票时无条件支付一定金额给受款人或者持票人的票据。凡在银行开立支票存款账户的,银行给予空白支票簿,存户可在其存款金额内签发支票。银行按照票面上签注的金额付款给持票人。

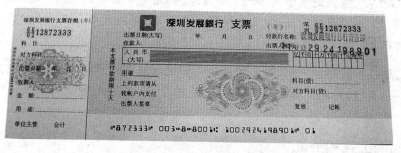

在我国,支票主要分为转账支票和现金支票两种。付款单位开出转账支票后,收款单位凭此票到银行把这笔钱转入自己的账户。现金支票由付款单位开出,收款人凭票到银行支取现金。

2. 外汇

同外国人做生意,出国旅游、购物,需要使用外汇。外汇是用外币表示的用于国际间结算的支付手段。使用外汇必须了解汇率。汇率又称汇价,是两种货币之间的兑换比率。我国通常采用 100 单位外币作为标准,折算成一定数量的人民币。如果 100 单位外币可以兑换更多的人民币,说明外汇汇率升高;反之,则说明外汇汇率下跌。

2018年2月人民币外汇牌价(人民币元/100外币)	
币种	现钞买入价
美元(USD)	628.22
港币(HKD)	80.359
日元(JPY)	5.744 6
欧元(EUR)	770.07
英镑(GBP)	870.83
瑞士法郎(CHF)	665.56
加拿大元(CAD)	499.44
澳大利亚元(AUD)	490.94
新加坡元(SGD)	473.56

外汇在国家经济发展和国际贸易中具有重要的作用,我国保持人民币币值基本稳定,即对内保持物价总水平稳定,对外保持人民币汇率稳定。这对于促进人民生活安定、国民经济持续快速健康发展,对世界金融的稳定、经济的发展,都具有重要意义。

第三节 消 费

一个人一出生,就进入了消费生活领域,吃饭、穿衣、乘车、购物等都是消费。可以说,消费是我们日常生活中的重要组成部分。消费受哪些因素的影响?有哪些消费类型?人们的消费结构发生着什么变化?我们将从这些问题入手,对消费心理和行为进行分析,探究怎样树立正确的消费观,以利于科学、合理地消费。

一、家庭消费及其类型

1. 家庭消费的概念

家庭消费又称居民消费或生活消费,是人们为了生存和发展,通过吃饭穿衣、文化娱乐等活动,对消费资料和服务进行的消费。人们通过各种生活资料和劳务的消费,个人的需要得到了满足,并产生出新的体力和智力,再生产出了劳动力。

2. 家庭消费的类型

消费的类型有不同的划分。

(1) 按照产品类型不同,可以分为有形商品消费和劳务消费。前者消费的是有形商品;后者消费的是服务,如家政、维修等。

(2) 按照交易方式不同,可以分为钱货两清的消费、贷款消费和租赁消费三种。

钱货两清的消费——我们在生活中消费的大部分商品,是通过一手交钱、一手交货的交易方式获得的。一旦交易完成,商品的所有权和使用权即由买主享有。

 想一想

　　这些天,个体户陈老板一直往返于家庭和银行之间,准备向工商银行申请汽车消费贷款,购买一部适用轿车,一则方便生意业务,二则用于出行、买菜、送小孩读书等,以赶一回超前消费的时髦,实实在在过一下自己开车兜风的瘾。你如何看待这种消费?

　　贷款消费——也就是我们常说的"花明天的钱,圆今天的梦"。在购买住房、轿车等商品时,一次性付款可能会超出一些买主的支付能力,这些买主可以考虑预支未来收入进行消费,以满足当前的需要。目前,我国的多数银行都办理个人住房贷款、家居装修贷款、购车贷款等。对于那些收入稳定、对未来收入持乐观态度又没有太多积蓄的年轻人来说,贷款消费不失为一种可行的选择。

　　租赁消费——有些商品,消费者使用的次数有限,为暂时的使用而买下商品不划算。对于这些商品可以通过短期租赁的办法,使该商品的所有权不发生变更,而获得该商品在一定时期内的使用权。如美国农业实行大农场、大牧场的产业化经营,大量农业用具,包括木工用具、剪草机、农用拖拉机等,都可租用。这些商品的所有权仍属于出租人,租用者只是获得了这些商品的使用权。

　　(3) 按照消费的目的,生活消费可以分为生存资料消费、发展资料消费和享受资料消费。

　　生存资料消费——是指家庭生活消费中用于满足人们生存所必不可少的消费。它既包括必要的物质生活消费,也包括有关的劳务消费。如食品、服装、住房等,都是物质生活消费;而理发、洗染、修理、医疗等,是劳务消费。这些消费是维持生存所必需的条件。

 读一读

　　人类要维持生存,热量、水以及蛋白质、维生素和各种微量元素是不可缺少的。据联合国粮农组织的食物政策和营养部有关人员测定,一个壮年男子从事轻体力劳动,每劳动两个小时,要消耗585.76焦的热量,而从事重体力劳动则要消耗1 004.16焦的热量。有人在两个收割甘蔗的村庄进行过试验,在其他条件相同的情况下,乙村工人吃的食物每人每天比甲村多1 464.4焦的热量,结果乙村每个工人的甘蔗收割量每天增加0.2吨,而甲村工人只能增加0.1吨。

　　发展资料消费——是指家庭生活中用于满足人们德育、智育、体育等方面所需要的消费。这种消费,在内容上表现为物质消费、精神消费和劳务消费,它包括在劳动过程之外接受教育,进行科学、技术、文化、体育、社会交往等方面的消费。

读一读

人们在满足了生存需要的消费以后,就迫切需要求得体力和智力的全面发展,求得精神需要上的满足。这就要发展教育和科学文化,以提高人的智力,发展人的潜能;开展体育运动,增强人们的体质;加强社会交往,展现人们的才能。随着经济的发展,有助于人的发展的物质消费、精神消费和劳务消费在家庭消费中的比重越来越大。过去,人们比较注重食品商店、日用品商店、家具商店,现在则日益注重花木商店、书店、图书馆、影剧院、学校、补习班等。特别是在农村,过去农民最担心的是吃饭问题,现在最重视的是送子女上学、学致富技术、提高文化水平等。

享受资料消费——是指家庭生活消费中,能够满足人们享受的物质生活资料消费、精神产品消费和劳务消费。没有生存资料的消费和发展资料的消费,人类便无法生存和发展。而享受资料消费则是人们在对生存和发展的需求得到满足以后,为了进一步丰富自己的物质生活和精神生活的消费。这种消费,在家庭生活消费中伸缩性很大,并随着社会的发展、经济水平的提高而不断丰富多彩。

 读一读

人们在解决了温饱以后,便有更多的闲暇来欣赏高雅艺术,听交响乐,看芭蕾舞,欣赏时装表演等;观看各种比赛,参加各种娱乐活动,游历名山大川,参加各种业余活动,享用高级的生活用品等。真正的享受资料消费,是劳动之余的休息,可以起到陶冶性情、愉悦身心、消除疲劳的作用。

3. 影响消费的因素

 议一议

镜头一:以往过春节,不少济南人的消费习惯还仅停留在买年货、吃年夜饭、买礼品串门的层次上,实物消费是"主菜",而旅游等精神方面的消费还只是"调味品"。随着近几年生活水平的提高,过惯了传统春节的市民开始探寻新的过节方式,不仅要吃好、喝好、穿好,还要玩好、乐好、休息好。

镜头二:北京的王先生春节期间带全家到体育馆打羽毛球,虽然每次要花费50

多元门票,但锻炼了身体,增进了家人的感情,他认为很值得。

镜头三:广州孙先生一家利用春节到昆明旅游,春节期间各地游客还不少,大部分是全家出游。

为什么居民的生活消费发生了如此大的变化?

消费受很多因素的影响,其中主要因素是居民的收入和物价水平。

收入是消费的前提与基础。在其他条件不变的情况下,人们的可支配收入越多,对各种商品和服务的消费量就越大。收入增长较快的时期,消费增长也较快;反之,当收入增长速度下降时,消费增幅也下降。所以,要提高居民的生活水平,必须保持经济的稳定增长,增加居民收入。

我国从20世纪90年代中期就开始实施扩大内需、刺激消费的政策,央行先后九次降低银行存款利率,甚至收取利息税,这样利率极低,存款基本上无利可图,以此来拉动国内需求。但是繁荣的消费景象并没有出现,存款额反而不断增加。

为什么会出现这样的情况呢?

居民消费水平不仅取决于当前的收入,而且受未来收入预期的影响。对于未来收入,如果人们有非常乐观的预期,那么预支将来收入的可能性就会加大;反之,预期未来有减少收入或者失业的风险时,人们就会节制当前的消费,以备不时之需。

社会总体消费水平的高低与人们收入差距的大小有密切的联系。人们的收入差距过大,总体消费水平会降低;反之,收入差距缩小,会使总体消费水平提高。

物价的变动会影响人们的购买能力。一般来说,物价上涨,人们的购买力普遍降低,会减少对商品的消费量;物价下跌,购买力普遍提高,会增加对商品的消费量。

除了收入和物价水平会影响消费以外,还有其他因素,如商品的性能、外观、质量、包装以及购买方式、商店位置、服务态度、售后维修、保养情况等,都能影响人们的消费活动。

4. 消费结构

消费结构反映人们各类消费支出在消费总支出中所占的比重。消费结构不是一成不变的,它会随着经济的发展、收入的变化而不断变化。

从食品开支在家庭总支出中所占的比重,可以大致推知家庭生活水平的高低。这是由19世纪中叶德国统计学家恩斯特·恩格尔提出的。食品支出占家庭消费总支出的比重,被称为恩格尔系数,即

$$恩格尔系数 = \frac{食品支出金额}{家庭消费总支出金额} \times 100\%$$

恩格尔系数过大,必然影响其他消费支出,特别是影响发展资料、享受资料的增加,限制消费层次和消费质量的提高。恩格尔系数减小,表明人们生活水平提高,消费结构改善。

二、树立科学的消费观

想一想

有一位妈妈最怕给女儿买衣服,女儿想买的,妈妈不愿意,妈妈想买的,女儿看不中,每次都闹得不欢而散。妈妈认为,穿衣服不能太张扬,和周围的女孩打扮得一样才好。女儿坚决不同意:"同学都穿这样的衣服,我不要!"她总是挑选那些和别人迥然不同的衣服。

思考:这些都是什么样的心理呢?你认为应该怎样对待这类事情?

1. 常见的消费心理

人们的消费行为受消费心理的影响。

从众心理引发的消费。有从众心理的人,看到许多人在做同一件事,便不由自主地加入。当别人率先作出示范性消费行为后,他们便仿效和重复,其消费会受别人评价的影响,受别人行为的带动。人们追随时尚的心理,往往能够引发对某类、某种风格的商品的追求,并形成流行趋势。商家常常利用消费者追随偶像、追赶潮流的心理来推销自己的商品。消费是否应该从众,要做具体分析。盲目从众是不可取的。

求异心理引发的消费。人们的个性展示,有时是借助消费活动体现的。与众不同、展示个性,成为一些人的消费心理。这虽然推动了新工艺和新产品的出现,但是展示个性要考虑社会的认可,还要考虑代价。为显示与众不同而过分标新立异,是不值得提倡的。

想一想

据调查,一些大城市的中学生"吃的看广告,穿的看牌子,玩的看流行"的现象比较严重。一个三口之家,孩子的消费甚至超过了父母消费的总和,给家庭经济生活造成了很大的压力。但许多家长无奈地表示:"人家的孩子都这样,我也不能让自己的孩子矮半截,抬不起头来。"

思考:这是一种什么消费心理?我们怎样看待它?

攀比心理引发的消费。有些商品,人们拥有它的目的不在于它本身的实用价值和它所带来的乐趣,而在于"向上看齐"、"人无我有"的夸耀性心理。个别学生的消费受攀比心理的影响,饮食消费向广告看齐,服装消费向名牌看齐,娱乐消费向流行看齐,人情消费向成人看齐。这种消费心理是不健康的。

求实心理主导的消费。消费者在选择商品的时候,往往要考虑很多因素:价格是否便宜,质量好不好,服务是否到位,功能是否齐全,操作是否简单,等等。比如吃饭,要么满足最基本的要求——吃饱,要么稍加些钱吃出特色。讲究实惠,根据自己的需要选择商品,这才是一种理智的消费。

生活方式的变化推动着人们消费观念的更新,也不可避免地带来不同消费观念之间的激烈碰撞。我们要做到健康消费、合理消费,做理智的消费者,践行正确的消费原则。

2. 树立科学的消费观

量入为出,适度消费。这种原则要求在自己的经济承受能力之内进行消费。那些支出无计划,想买什么就买什么,为了撑面子不惜举债消费而不考虑自己的偿还能力的行为,是缺乏理智的。当然,适度消费不是抑制消费,过分抑制消费不仅使个人的生活质量得不到提高,而且影响社会生产的发展。所以,我们提倡适度消费。

议一议

不久前,广发银行杭州分行向社会公布:100个信用卡恶意透支客户"黑名单"中,出生于20世纪70年代以后的共有80人,占比达80%;其中1974年以后出生的共有26人,占了25%。5个汽车按揭贷款的恶意拖欠客户,20世纪70年代以后出生的占了4人。

你是否赞成这种通过透支来进行的消费行为?

避免盲从,理性消费。随大流去购买,而买的东西自己并不需要,这不是理智的消费行为。别人都买的东西,不一定适合自己的需要。所以,要避免跟风随大流。要尽量避免情绪化消费,避免只重物质消费而忽视精神消费的倾向。

想一想

零点调查公司最近在一份题为"都市青年女性消费面面观系列研究"的报告中指出,中国都市女性在各领域的消费行为中存在严重的盲目倾向。

零点调查公司在京、沪、穗三地针对18—35岁的青年女性进行了一次定性、定量的抽查,结果发现:一个月收入不过一千元的年轻女孩可能用的是上百元的化妆品;一个本打算上街买鞋的女性可能搬回家的是一套精美的装饰品。

你每月的零花钱主要用于哪里?

保护环境,绿色消费。面对严峻的资源短缺现状,我们应该重新审视以往的消费观念,保持人与自然环境之间的和谐。20世纪末,绿色消费悄然兴起。绿色消费是以保护消费者健康和节约资源为主旨,符合人的健康和环境

保护标准的各种消费行为的总称,核心是可持续性消费。国际上一些环保专家把绿色消费概括成5R,即节约资源,减少污染(Reduce);绿色生活,环保选购(Reevaluate);重复使用,多次利用(Reuse);分类回收,循环再生(Recycle);保护自然,万物共存(Rescue)等五个方面。绿色消费不仅有利于个人的生命健康,也有利于保护环境、节约资源和社会的可持续发展,要大力提倡。

议一议

"白色污染"已经成为一个世界性的话题,引起了全世界的高度重视。据统计,每年全国一次性发泡塑料餐具的使用量超过100亿只。这种餐具具有三大危害:一是用它装食品危害人体健康;二是在制作过程中产生的有害气体危及臭氧层;三是它不易降解,会造成严重的环境污染。

请为解决"白色污染"和"资源浪费"出谋划策。

勤俭节约、艰苦奋斗。勤俭节约、艰苦奋斗是中华民族的传统美德和优良作风。这种精神可以帮助我们克服物质生活上的困难,获取新的成就。我国是一个发展中的人口大国,更要戒奢从俭。实践表明,一个没有艰苦奋斗精神作支撑的民族,难以自立自强;一个没有艰苦奋斗精神的人,难以战胜困难,成就事业。艰苦奋斗作为一种精神财富,任何时候都应该发扬光大。

读一读

我国现有资源储备量只能养活2.8亿人;我国现有淡水资源只能养活1.9亿人;我国现有的森林覆盖率只能养活2.3亿人。

100多万元的劳力士手表,30万元的卡地亚胸针,500万元的钻石……越来越多的奢侈品加速进入中国。中国人真的是钱多到花不完吗?

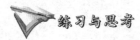
练习与思考

1. 小明是一位即将升入高一的学生,就在开学前夕,他遇到了一系列的烦恼和困惑。

困惑之一:小明中考成绩离省重点中学分数线仅差2分,如果选择这所学校,则需要交纳择校费8万元;面对都是普通工人、年收入不足1万元的父母,小明陷入了两难的抉择之中……

困惑之二:小明由于受到周围同学的影响,硬是向父母要钱买了名牌山地车、新款手机、优质 MP3，却很少花钱去买课外阅读书。为此，爸爸批评小明是没有自己头脑的"瘸子"，小明有点找不着北。

困惑之三：小明在暑假里为图方便经常吃快餐，但在丢弃发泡塑料盒时，却遭到居委会主任的严厉斥责，批评他是一个不懂"绿色消费"的中学生。什么是"绿色消费"？如何做到"绿色消费"？小明一脸茫然。

困惑之四：小明爸爸最近经常告诫小明：中国自古"俭，德之共也；侈，恶之大也"；要保持勤俭节约的精神。小明却认为：社会进步，时代发展，提倡勤俭节约已经过时了。

讨论：小明的这些困惑说明了什么？

2. 假设今年春节，父母给了你 5 000 元压岁钱，请列出你较为详细的消费方案。

具体要求：

（1）以小组为单位讨论酝酿出代表本组成员意愿的具体方案；

（2）消费方案力求科学合理、切实可行，鼓励方案的特色鲜明、个性创新；

（3）最后将由评委团点评并评选出本班最佳消费方案及"班级最理智消费者"。

第二章　生活中的劳动者

生活离不开消费,而消费离不开商品和服务。我们不仅是生活中的消费者,而且是生活中的劳动者。千千万万个企业,各行各业的劳动者用辛勤的劳动,为广大消费者提供所需要的商品和服务。作为未来的劳动者,无论你是就业还是创业,学习本章内容对你都会有帮助。通过学习,我们可以了解企业的含义、类型、地位和作用,尤其是在现代市场经济中最具影响的公司制,探讨公司如何成功经营,劳动者如何就业、创业,如何依法维护自身权益,树立正确的就业观念。

第一节　认识企业

一、企业的含义与分类

在日常生活中,人们消费的商品和服务,主要是由企业提供的。那么,什么是企业呢?只要谈到市场经济,我们总是经常看到、听到、用到"企业"这个概念。的确,企业在市场经济中充当着极其重要的角色。

1. 企业的含义

市场上从事交易活动的组织或个人称为市场主体。个人、家庭、机关团体、企事业单位都是参与市场活动的市场主体。其中,个人、家庭主要是作为消费者而存在,机关、团体、事业单位是非盈利性的经济组织。唯有企业是最重要的市场主体。

企业是以营利为目的从事生产经营活动,向社会提供商品或服务的经济组织。

2. 企业的分类

企业作为国民经济的基本生产单位,根据不同的标准可以划分为不同的类型。根据行业属性和产品划分,企业可分为工业企业、农业企业、商业企业、交通运输企业、建筑安装企业、邮电企业、金融企业、科技企业等;根据企业的所有制性质及有关法律规定,企业可以分为国有企业、集体企业、私营(个体)企业、混合所有制企业和外商独资企业等。根据企业的规模,企业可分为大型企业、中型企业和小型企业。根据企业的组织形式,企业可分为单厂企业、多厂企业。

二、现代公司制度

企业的发展先后经历了手工业作坊、手工工场、工厂、公司等几种形态。其中公司是现代经济生活中最主要的企业形式。在现代社会,大中型企业一般都采取公司形式。

公司是依法设立的,全部资本由股东共同出资,并由股份形式构成的以营利为目的的企业法人。

1. 公司的成立

成立公司,必须按照法律法规和有关政策的规定,办理一定的登记手续,取得法律上的承认。

公司成立需要办理哪些手续?到哪里去登记?

2. 公司的形式

除国有独资公司外,我国法定的公司形式有两种,即有限责任公司和股份有限公司。

有限责任公司,是股东以其出资额为限对公司承担责任,公司以其全部资产对公司的债务承担责任的企业法人。股份有限公司,是将全部资本分为等额股份,股东以其所持股份为限对公司承担责任,公司以其全部资产对公司债务承担责任的企业法人。

股份有限公司和有限责任公司的对比表

比较类别	股份有限公司	有限责任公司
不同点	① 资本必须划分为等额股份; ② 发行股票筹资,资本必须是货币; ③ 应当有2人以上200人以下的发起人; ④ 注册资本最低限额为人民币500万元; ⑤ 设立程序比较复杂; ⑥ 适合于大中型企业。	① 出资不划分为等额股份; ② 出资证明,出资不一定是货币,还可以是技术、厂房、土地等; ③ 由50人以下股东出资设立; ④ 注册资本最低限额为人民币3万元; ⑤ 设立程序简单; ⑥ 适合于中小型企业。
相同点	① 都是依法设立的企业法人; ② 股东均负有限责任; ③ 公司均以其法人财产为限担责任; ④ 公司组织机构均为股东大会、董事会及总经理; ⑤ 公司均有名称、章程等。	

3. 公司的组织机构

公司的组织机构通常由三部分组成:决策机构、执行机构和监督机构。其中,股东大会及其选出的董事会是公司的决策机构,处理公司重大经营管理事宜。总经理及其助手组成公司的执行机构,负责公司的日常经营。监事会是公司的监督机构,对董事会和经理的工作进行监督。这些机构之间权责明确、互相制衡,可以有效地提高公司的运行效率和管理的科学性,使公司的发展具有充分的活力。

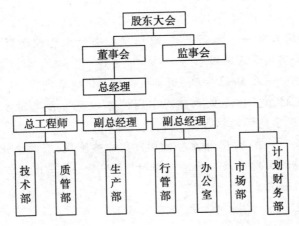

(1) 股东大会。

股东大会是由公司全体股东组成的决定公司重大问题的最高权力机构,是股东表达其意志、利益和要求的主要场所和工具。

(2) 董事会。

董事会是由董事组成的负责公司经营管理活动的合议制机构。在股东大会闭会期间,它是公司的最高决策机构。除股东大会拥有或授予其他机构拥有的权力以外,公司的一切权力由董事会行使或授权行使。作为合议制机构,公司的业务活动必须由全体董事组成的董事会会议加以决定,任何一个董事都无权决定公司的事务,除非董事会授权他这样做。

(3) 经理。

经理是指负责并控制公司业务活动的职员或者是指负责并控制公司分支机构各生产部门或其他业务单位的主管人员。总经理则是负责公司全盘营业活动的经理,他有权对公司事务进行总的指导和控制,并能全权代表公司从事公司交易活动。

4. 公司经营成功的主要因素

(1) 公司经营的含义。

公司经营是指公司为向社会提供产品和服务并获取利润而进行的所有活动的总和,如采购、生产、市场营销等。

(2) 公司经营成功的主要因素。

公司要制定正确的经营战略。一个企业,只有战略定位准确,才能顺应时代发展的潮流,抓住机遇,加快发展,为企业插上腾飞的翅膀。

创立于1984年,崛起于改革大潮之中的海尔集团,是在引进德国利勃海尔电冰箱生产技术成立的青岛电冰箱总厂基础上发展起来的。在海尔集团首席执行官张瑞敏"名牌战略"思想的引领下,海尔经过18年的艰苦奋斗和卓越创新,从一个濒临倒闭的集体小厂发展壮大成为在国内外享有较高美誉的跨国企业。海尔的高速发展,最主要的就是靠创新。战略创新起着关键作用。

名牌战略阶段——在1984年到1991年名牌战略期间,别的企业上产量,而海尔扑下身子抓质量,7年时间只做一个冰箱产品,磨出了一套海尔管理之剑:"OEC管理法",为未来的发展奠定了坚实的管理基础。

多元化战略阶段——在1992年到1998年的多元化战略期间,别的企业搞"独生子",海尔走低成本扩张之路,吃"休克鱼",建海尔园,"东方亮了再亮西方",以无形资产盘活有形资产,成功地实现了规模的扩张。

国际化战略阶段——在1998年至今的国际化战略阶段,别的企业认为海尔走出去是"不在国内吃肉,偏要到国外喝汤";而海尔坚持"先难后易"、"出口创牌"的战略,搭建起了一个国际化企业的框架。

海尔人的目标是:进入世界500强,振兴民族工业!

公司要成功地经营公司,必须依靠技术进步、科学管理等手段,形成自己的竞争优势。价格合理、质量优良、品牌响、诚信度高的产品,往往让消费者青睐,这是公司的竞争优势。商场如战场,要取得大众的认可,公司一定要有自己的竞争优势。

公司要诚信经营,树立良好的信誉和企业形象。企业的信誉和形象对企业的生存竞争至关重要,是企业的无形资产,是公司经营成败的重要因素。企业的信誉和形象集中体现在产品和服务的质量上。创立名牌产品,实行优质服务,是企业信誉和形象的表现,也是企业开展正当竞争的主要手段。

 想一想

故事一:

春秋战国时,秦国的商鞅在秦孝公的支持下主持变法。当时处于战争频繁、人心惶惶之际,为了树立威信,推进改革,商鞅下令在都城南门外立一根三丈长的木头,并当众许下诺言:谁能把这根木头搬到北门,赏金十两。围观的人不相信如此轻而易举的事能得到如此高的赏赐,结果没人肯出手一试。于是,商鞅将赏金提高到五十金。重赏之下必有勇夫,终于有人站出来将木头扛到了北门。商鞅立即赏其五十金。商鞅这一举动,在百姓心中树立起了威信,新法得以在秦国迅速推广开来。新法使秦国渐渐强盛,最终统一中国。

而同样在商鞅"立木为信"的地方,在早它400年以前,却曾发生过一场令人啼笑皆非的"烽火戏诸侯"的闹剧。

故事二:

周幽王有个宠妃叫褒姒,为博其一笑,周幽王下令在都城附近20多座烽火台上点起烽火——烽火是边关报警的信号,只有在外敌入侵需召诸侯来救援时方能点燃。结果诸侯们见到烽火,率兵匆匆赶到,弄明白这是君王为博宠妃一笑的花招后愤然离去。褒姒看到平日威仪赫赫的诸侯们慌慌张张的样子,终于开心一笑。五年后,犬戎大举攻周,幽王烽火再燃而诸侯未到——谁也不愿再上第二次当了。结果,幽王被逼自刎,而褒姒也被俘虏。

一个"立木取信",一诺千金;一个帝王无信,戏玩"狼来了"的游戏。结果前者变法成

功,国强势壮;后者自取其辱,身死国亡。可见,"信"对一个国家的兴衰存亡都起着非常重要的作用。那么对一个企业、一个公司所起到的作用呢?

第二节　企业的经济效益

一、企业的成本和利润

一个企业在一定时期内(通常以一年为期)所生产出来的商品和劳务,用价值表示就是企业生产总值。

1. 企业的成本

企业的成本就是企业生产一定量的商品所耗费掉的生产资料和支付给劳动者的劳动报酬这两部分价值的货币表现。也就是说,企业的生产成本是企业生产一定量商品所耗费的人力、物力。

在社会主义经济中,降低产品成本具有重要意义。

首先,从使用价值来看,这意味着生产中物化劳动和活劳动的节约,企业可以用较少的劳动消耗生产出同量的产品。

其次,从价值形态来看,这意味着企业盈利(在产品价格不变的条件下)的增加。

再次,从产品的分配方面来看,在产品成本降低的基础上,有可能降低产品的价格;在职工收入不变的情况下,可以更好地满足人民的物质文化需要。

就企业来说,降低产品成本的途径主要包括:

第一,提高劳动生产率,在一定劳动时间内生产更多合格的产品,以减少单位产品成本中的工时消耗。

第二,节约材料的消耗,尽量减少残品和次品,积极采用新的更经济的原材料,或开展综合利用,降低单位成本中原材料等的耗费。

第三,充分利用现有设备,提高设备利用率,以降低产品成本中所分摊的折旧费。

第四,改进管理工作和销售工作,提高工作效率,以减少单位成本中的管理费用和销售费用等。

为什么要降低产品成本?企业还有哪些降低成本的方法?

2. 企业的利润

企业的利润是企业销售产品的收入减去产品成本之后的余额。

企业利润是衡量企业生产经营活动效益状况的重要标志。当然,由于各个企业生产规模不一样,占用资金和劳动力的数量不一样,因而衡量企业经济活动的效益,不能用利润的绝对量,而只能用其相对量即利润率来表示。

二、提高企业经济效益的途径和意义

1. 企业的经济效益

经济效益是衡量一切经济活动的最终的综合指标。它一般通过经济活动中劳动消耗同适合社会需要的劳动成果的比较,用"所费"与"所得"、"投入"与"产出"的比例来衡量经济效果是"盈利"还是"亏损"。因此,所谓企业的经济效益,就是企业的生产总值同生产成本之间的比例关系。用公式表示:

经济效益 = 生产总值/生产成本

用同样数量的人力、物力消耗,生产出更多的商品和劳务来,经济效益就高;相反,生产同样数量的商品和劳务,耗费的资源多,它的效益就低。提高企业经济效益,就是要降低企业的生产成本,以最小的资源消耗,生产出更多的满足社会和人民需要的商品和劳务。

2. 提高企业经济效益的途径

第一,采用先进技术,用现代科学技术武装企业。"科学技术是第一生产力",科学技术的进步对企业经济效益的提高具有十分直接的作用。1998年以来,整个高新技术对全球经济增长的贡献大于27%,发达国家知识经济的比重超过国民生产总值的50%。因此,必须加快企业的技术进步和产业升级,加强现有企业的经济增长方式,由粗放型向集约型转变。

第二,提高劳动者素质,提升职业技能。要发展科学技术,发明、创造、利用先进的技术设备,采用先进的工艺流程等,都需要劳动者去实施。现代生产越来越需要熟练的技术工人,只有满足工业发展对技师和高级技工的需求,实现蓝领工人的高素质化,才能加快用高新技术改造传统产业的步伐。在发达国家经济基础增长的过程中,除了有高水平的科研队伍外,还有一支高素质的熟练掌握现代技术的劳动大军。

当前,我国职业技术教育受到前所未有的冲击,知识界和产业界都呼吁要重视职业技术教育,完善岗前职业资格证书制度、岗中职业技能培训制度和转岗下岗培训再就业制度。作为职业学校的学生要适应知识经济时代知识加速度更新的要求,树立"终身教育"观念,并且加强业务技能的学习和训练,加强职业道德修养,力求掌握几门专业技能,具备"一专多能"的本领。

常州大学城是全国首家以高等职业教育为显著特色的大学城,由江苏省教育厅和常州市政府共同建设。2002年,江苏省人民政府将该项目列入全省70个重点项目之一。在改革中坚定应用型人才培养的目标,实行多校共同培养一名学生的模式。推行五种证书制度。每一个毕业生必须获得毕业证书、相应专业的多个职业资格证书和计算机、外语、驾驶执照等五种证书,使学生具有更强的竞争能力和就业能力。

第三,采用现代管理方法,提高企业经营管理水平。管理是企业永恒的主题。企业应注重采用现代管理技术、方法、手段来加强管理,提高企业经济效益。一是加强对企业发展战略的研究和管理。企业在市场中如何定位,如何发展,这对企业的生存和发展具有决定性、全局性和长远性的影响,企业应根据对市场的科学分析和预测、竞争对手的情况、技术发展趋势,制定、实施合理明确的发展战略;应注重市场变化,实现由偏重生产管理到重视技术开发和市场营销的转变,也就是要从"橄榄型"变为"哑铃型"。尤其是在买方市场下,企业要注重市场营销,树立"全员营销"观念,把顾客满意最大化作为企业发展战略的核心。二是健全和完善各项规章制度,强化基础工作。管理的关键是有章可循,照章办事,从严治企。严格管理必须严而有据,让制度说话。三是采用科学的管理方法,搞好成本管理、资金管理和质量管理。四是运用现代管理理论,采用现代管理技术和手段。学会适应国际企业管理的新潮流,按照市场经济的要求,合理设置企业内部机构。国外许多企业正由过去的"叠床架屋式"的高层管理向层次少、管理灵活的"扁平化"管理方式转变。从过去注重对生产的管理转向对整个生产销售服务流程的管理,运用信息论、系统论、控制论和计算机控制等管理手段,对企业进行科学有序的管理。从过去注重对机器的管理转向对人的管理,借鉴西方"以人为本"的管理思想,注重采用各种激励机制,对优秀员工给以培训和提升的机会,充分发挥员工的潜力,提升员工对企业的满意度和忠诚度。

企业还有哪些提高经济效益的途径?

安徽丰原生物化学集团有限公司,昔日是一家名不见经传的柠檬酸厂,1994年累计亏损737万元,负债5 543万元,管理混乱,机构臃肿,企业濒临破产。

新厂长上任后决心背水一战,用重病下猛药的办法,建立健全各项规章制度,严格管理,最终使企业走出困境。丰原集团的职工都记得这样一件事,作为生物化工企业,为保障安全,规定厂区内严禁吸烟。只有接待室、会议室等场所允许来访客人吸烟。一次丰原内贸部的一位部长在会议室接待客户时,在客人的劝说下,点燃了一支烟,被公司领导发现后,立即责成其写出检查张贴在厂门口,并处以200元罚款,是普通员工的2倍。截至1999年,丰原90%的产品出口,年创汇能力4 000多万美元,总资产从4 067万元扩张到10.3亿元,主导产品柠檬酸产量从3 000吨猛增到6万吨,跃居亚洲第一。

3. 提高企业经济效益的意义

首先,提高经济效益有利于增强企业的竞争力。企业是市场主体,是独立的生产经营者,只有以最小的投入获得最大的效益,企业才能始终处于领先地位,在竞争中立于不败之地。

其次,只有提高经济效益才能充分利用有限的资源创造更多的社会财富,满足人民日益增长的物质文化生活需要。企业只有提供更多的符合社会需要的产品和劳务,人民生活水平才能得到提高。

最后,提高经济效益,搞好国有大中型企业,才能增强我国企业在世界市场的竞争力。综合国力的竞争,主要是经济的竞争,是世界市场份额的竞争。企业只有拥有庞大的市场,才能提升自身在国际竞争中的地位,才能增强我国的综合国力,巩固公有制的主体地位,发挥社会主义制度的优越性。

4. 企业应防止单纯追求经济效益而忽视社会效益

企业的经济目标是追求利益最大化,但追求经济效益的同时可能会带来"外部不经济"的问题。如化工厂在生产的过程中产生的废水、废气,污染了环境。这是以牺牲社会公共利益为代价,盲目追求企业经济效益的短期行为。

社会主义企业在经营活动中应严格执行《环境保护法》《产品质量法》《劳动法》等相关法律、法规,并且要从对个人、对企业、对社会的发展都有利的角度进行经营活动。正确处理社会效益与企业经济效益之间的关系。具体来说,主要应从以下几个方面入手正确处理二者的关系。

第一,依法经营,规范竞争,照章纳税,支持社会公益事业。企业家应具备优秀的道德品质和强烈的社会责任感,支持社会公益事业。

第二,严格执行劳动安全卫生规程,预防安全事故,保障国家和人民生命财产安全。

2007年11月14日10时30分,江苏无锡市南通第二建筑公司承建的银仁御墅花园D-A8房工程工地,一台SCD200/200型施工升降机西侧吊笼突然从11楼坠落,吊笼内16名施工作业人员随罐坠地,10人死亡,6人重伤。

第三,降耗节能,有效利用资源。企业采用先进技术设备,合理调整产业方向和布局,发展循环经济,开发节能型产业,最大限度地利用有限的资源创造更多的社会财富。

第四,保护环境,实施可持续发展战略。环境问题已成为举世关注的大问题。出于为子孙后代利益着想,世界出现了环境保护高潮,提出了"可持续发展战略",作为企业责无旁贷。

三、企业的兼并、联合和破产

优胜劣汰是市场竞争的自然法则,因此兼并和破产在所难免。企业间的兼并和破产是实现产权流动、优化企业结构、发展社会主义市场经济的有力杠杆。

在竞争中,企业的兼并、联合和破产是必然的。

1. 兼并

兼并,是指两家或更多的独立的企业合并组成一家企业,通常由一家占优势的企业吸收一家或更多的企业。经营管理好,经济效益好的优势企业兼并那些相对劣势的企业,可以扩大优势企业的规模,增强优势企业的实力,以优带劣,提高企业和整个社会的资源利用效率,有益于促进国家经济发展。

联想收购巴西最大电子制造商 CCE　中国企业海外并购数激增

联想的海外并购之路再进一步。2012年9月,全球第二大个人电脑厂商联想集团宣布收购巴西最大的电子制造商 CCE 公司,将通过现金和股票形式,收购 CCE 全部股份。此次收购预计将在明年第一季度完成,届时联想将成为巴西第三大 PC 厂商。

2. 联合

联合,指大企业之间为了增加市场竞争力、获得更大经济效益而实行合并,简称"强强联合"。实行大企业、企业集团间的"强强联合",特别是组建跨地区、跨行业、跨所有制和跨国经营的大企业集团,可以实现优势互补、优化资源结构、降低生产成本、促进先进技术的研究和开发,达到扩大市场占有额、获得更大经济效益的目的。

3. 破产

破产,指对严重亏损、不能清偿到期债务的企业,按法定程序进行破产清算。

实行企业破产制度是市场经济条件下企业竞争的必然结果。

首先,它强化了企业的风险意识,使企业在破产风险的压力下改善管理,改进技术,提高劳动生产率。

其次,企业破产制度的建立,可以形成优胜劣汰的竞争机制,及时淘汰落后企业,达到资源的合理配置和实现产业结构的合理调整。

再次,可以及时清结债权债务关系,保证经济活动顺利进行。

第三节　企业的劳动者

一、劳动者的权利

1. 劳动合同的签订

劳动合同,也称劳动契约,是劳动者与用人单位经平等自愿协商之后,签订的确立劳动关系、明确双方权利义务的协议,是用以约束双方遵守、履行该合同的法律形式。

劳动合同应当以书面形式订立,并具备以下条款:用人单位名称、住址和法定代表人或主要负责人;劳动者姓名、住址和居民身份证或其他有效证件号码;劳动合同期限;工作内容和工作地点;劳动保护、劳动条件和职业危害防护;劳动报酬和社会保险;工作时间和休息休假;法律法规规定应纳入合同的其他事项。

劳动合同除前款规定的必备条款外,当事人可以协商约定其他内容。

劳动合同的期限分为固定期限、无固定期限和以完成一定的工作任务为期限。劳动者在同一用人单位连续工作满10年以上,当事人双方同意续延劳动合同的,如果劳动者提出订立无固定期限的劳动合同,应当订立无固定期限的劳动合同。

劳动合同可以约定试用期。试用期最长不得超过6个月。

2. 劳动法中的相关劳动者的保护条例

国家对女职工和未成年工实行特殊劳动保护。

禁止安排女职工从事矿山井下、国家规定的第四级体力劳动强度的劳动和其他禁忌从事的劳动;不得安排女职工在经期从事高处、低温、冷水作业和国家规定的第三级体力劳动强度的劳动;不得安排女职工在怀孕期间从事国家规定的第三级体力劳动强度的劳动和孕期禁忌从事的劳动。对怀孕7个月以上的女职工,不得安排其延长工作时间和夜班劳动;女职工生育享受不少于90天的产假;不得安排女职工在哺乳未满一周岁的婴儿期间从事国家规定的第三级体力劳动强度的劳动和哺乳期禁忌从事的其他劳动,不得安排其延长工作时间和夜班劳动;不得安排未成年工从事矿山井下、有毒有害、国家规定的第四级体力劳动强度的劳动和其他禁忌从事的劳动;应当对未成年工定期进行健康检查。未成年工是指年满16周岁未满18周岁的劳动者。

3. 劳动者依法享有的主要权利

我国劳动者享有的权利包括:平等就业和选择职业的权利;取得劳动报酬的权利;休息、休假的权利;获得劳动安全卫生保护的权利;接受职业技能培训、享受社会保险和福利、提请劳动争议处理的权利;以及法律规定的其他权利。

劳动者享受权利,是以履行劳动者义务为前提的。自觉履行劳动者的义务,是获得权利、维护权益的基础

劳动者就业,不因民族、种族、性别、宗教信仰不同而受歧视。妇女享有与男子平等的就业权利。在录用职工时,除国家规定的不适合妇女工作的工种或者岗位外,不得以性别为由拒绝录用妇女或者提高对妇女的录用标准。

孙某日工资为100元,2017年12月30日至2018年1月1日,根据政府规定放假3天,其中1天为法定假日,2天为周末公休日。公司安排孙某在这三天内加班。根据劳动合同法的规定,公司除应向孙某支付每日100元的工资外,还应向孙某支付多少加班费用?

4. 依法维护劳动者权益

用人单位与劳动者发生劳动争议,当事人可以依法申请调解、仲裁、提起诉讼,也可以协商解决。调解原则适用于仲裁和诉讼程序。

解决劳动争议,应当根据合法、公正、及时处理的原则,依法维护劳动争议当事人的合法权益。

劳动争议发生后,当事人可以向本单位劳动争议调解委员会申请调解;调解不成,当事人一方要求仲裁的,可以向劳动争议仲裁委员会申请仲裁。当事人一方也可以直接向劳动争议仲裁委员会申请仲裁。对仲裁裁决不服的,可以向人民法院提起诉讼。

在用人单位内,可以设立劳动争议调解委员会。劳动争议调解委员会由职工代表、用人单位代表和工会代表组成。劳动争议调解委员会主任由工会代表担任。劳动争议经调解达成协议的,当事人应当履行。

劳动争议仲裁委员会由劳动行政部门代表、同级工会代表、用人单位方面的代表组成。争议仲裁委员会主任由劳动行政部门代表担任。

提出仲裁要求的一方应当自劳动争议发生之日起60日内向劳动争议仲裁委员会提出书面申请。仲裁裁决一般应在收到仲裁申请的60日内作出。对仲裁无异议的,当事人必须履行。

劳动争议当事人对仲裁裁决不服的,可以自收到仲裁裁决书之日起15日内向人民法院提起诉讼。一方当事人在法定期限内不起诉又不履行仲裁裁决的,另一方当事人可以申请人民法院强制执行。

因签订集体合同发生争议,当事人协商解决不成的,当地人民政府劳动行政部门可以组织有关各方协调处理。因履行集体合同发生争议,当事人协商解决不成的,可以向劳动争议仲裁委员会申请仲裁;对仲裁裁决不服的,可以自收到仲裁裁决书之日起15日内向人民法院提起诉讼。

二、劳动者的基本素质

劳动者的素质主要是指劳动者参与社会生产、从事社会劳动的素质。劳动者素质应包含以下内容:劳动者的知识素质、技能素质和职业素养。

劳动者的知识素质主要有基础知识、专业知识;劳动者的技能素质主要有基础技能、专业技能,以及学习能力、创新能力、沟通能力、管理能力等关键核心技能等职业技能;劳动者的职业素养主要有职业道德、创业意识、法制观念、现代社会意识、现代心理意识和健康体能要求等方面。

国家中长期人才发展规划纲要(2010—2020年)指出:人才是指具有一定的专业知识或专门技能,进行创造性劳动并对社会作出贡献的人,是人力资源中能力和素质较高的劳动者。人才是我国经济社会发展的第一资源。应当在全社会树立科学的人才观,把技能人才与科技人才、管理人才等各类人才都作为国家宝贵的人才资源。应充分认识技能劳动者在科技成果向现实生产力转化中的桥梁和纽带作用,从我国经济发展的现实需要出发,从增强新时期经济发展的后劲、加大培养技能人才的力度来全面提高数以亿计的劳动者的整体素质。

三、树立正确的就业择业观

树立自主择业观。根据个人的兴趣、专长和条件,自主选择职业。这有利于发挥每个人的聪明才智,调动每个人的生产积极性、创造性。

树立竞争就业观。要通过劳动力市场竞争,实现自主择业。在市场竞争中,只有那些劳动技能高、敬业精神强的人才拥有更多的就业机会,才能获得更优厚的报酬。因此,要努力学习,提高技能和素质,积极主动地适应劳动市场的需要。

树立职业平等观。各种正当职业的劳动者,都是创造社会财富所必需的,都应当得到社会的尊重。"三百六十行,行行出状元",不管从事什么工作,只要能在自己的工作岗位上脚踏实地、兢兢业业,就能有所作为。

树立多种方式就业观。现代市场经济和信息技术导致就业形式多种多样,诸如自由职业、临时工、家政服务等就业方式不断增加,劳动者可以更加灵活地选择。劳动者还可以通过职业介绍所、媒体广告、网上人才市场、招聘会等选择职业,实现就业。

什么是自由职业人员SOHO?

自由职业人员,指那些不与用人单位建立正式劳动关系,又区别于个体户、私营企业主,具有一定经济实力和专业知识技能并为社会提供合法的服务性劳动,从而获取劳动报酬的劳动者。如商业保险代理人、经纪人、自由撰稿人、家庭教师、健身教练等。其主要特色是自我支配时间、自我安排工作、自我谋求发展、收入较多等。

Soho,是英文 small office home office 的缩写,泛指在家办公或小型创业者。在网络技术条件下,越来越多的个人化工作可以在家里完成,工作者主要通过通信器材、电脑、互联网等与外界联系,从而省去办公空间。

第四节 全面建成多层次的社会保障体系

一、社会保障制度

完善的社会保障制度,是社会主义市场经济体制的重要支柱,关系到改革、发展、稳定的全局。为了更好地保障公民的基本生活,保持社会稳定和国民经济正常运行,必须建立社会保障制度。

1. 社会保障制度的含义

所谓社会保障,就是国家依据一定的法律和规定,通过国民收入的分配和再分配,为保证社会成员的基本生活权利而提供各种救助和补贴制度的总称。

社会保障制度的主体是国家或政府,因为进行国民收入的分配和再分配的责任主体只能由国家或政府来承担,任何个人、单位和团体,都不能单独扮演社会保障的角色。

社会保障制度的物质基础来自一定时期的国民收入,是社会财富分配的一种形式,属于社会消费基金的一部分。

国家立法对社会保障制度的实施方式加以保护,使其成为国家和社会的一种责任和制度。

社会保障制度的对象是社会的全体成员,它既包括聋哑伤残、鳏寡孤独的社会不幸者,也包括生老病死的全体社会成员。

社会保障制度的主要功能,就是建立以社会化为基础的生活安全网,来消除市场竞争过程中产生的社会不安全因素所引起的社会动荡。

2. 社会保障制度的特征

一个人总有生老病死,并且还有可能会遇到天灾人祸。社会保障制度就是通过强制的办法,集中全社会的力量,将居民收入中的一部分按照一定的比例进行储蓄,旨在保证社会成员在失业、疾病、伤残、退休以至死亡后发生收入中断时,仍然能够得到不低于社会一般标准的生活收入。一般来说,凡在工作年龄之列的公民,必须参加保险。凡没有能力参加的,如婴儿、产妇、失业者、患病者、老人、遗属等,也都享受社会保险。因此,社会保障具有社会性、强制性、储蓄性、互助性、公平性和普遍性的特点。

读一读

1948年12月10日,联合国大会全体会议通过《世界人权宣言》。该《宣言》包括序言和30项条款,其中19项涉及公民的政治权利,6项涉及经济、社会和文化权利。《宣言》指出:每个人都拥有使其本人及家庭达到生活康乐的权利,这不仅包括有权得到食品、衣着、住宅、医疗和其他基本社会服务,而且包括在遇到失业、生病、残疾、丧偶、年老或由于非本人所能控制的其他原因而带来的生活困难时,有权得到社会保障。

3. 社会保障制度的作用

社会保障制度对于保障公民年老、疾病、伤残、鳏寡孤独以及受灾户、困难户的基本生活,减轻职工生活负担,维护社会安定团结,起着重要作用。它是社会主义市场经济的安全阀和稳定器。完善的社会保障制度是社会主义市场经济体制的重要支柱,也是我国企业改革的必要条件,关系到我国改革、发展、稳定的全局。因此,根据国情国力,依据社会生产力发展程度,建立多层次的社会保障体系,对于深化企业和事业单位的改革,保持社会稳定,发展社会生产,顺利建立社会主义市场经济体制,具有重大意义。

二、我国的社会保障体系的内容

1. 社会保障体系的内容

社会保障制度是一个庞大的体系,包含的内容十分广泛。从广义上说,社会保障包括四个方面内容:社会救助、社会保险、社会福利和社会优抚。

社会救助,是国家和社会对于遭到不可抗拒的天灾人祸、失业待业、鳏寡孤独、生老病死和因身心障碍丧失劳动自救能力的,以及低于国家规定最低生活标准的社会成员,向其提供满足最低生活需求的物质资助。社会救助是低层次的保障,是国家和社会必须始终认真履行的最起码的社会保障职责。

我国目前的社会救助包括两种：一是对长期无法解决生活困难的社会贫困人员的定期救助；二是对意外灾害的社会成员的临时救助。救助对象的界定，一种是以全国划定的老、少、边不发达地区的界线为准；一种是收入不足以维持一家最低生计的贫困户。

社会保险，是国家通过法律强制实施的一种制度，由劳动者、劳动者所在单位或社区及政府多方共同筹资，帮助劳动者及其亲属或遗属，在遭遇工伤、死亡、疾病、年老、失业、生育等风险时，防止收入中断、减少和丧失，以保障其基本需求的制度。社会保险是由国家举办，带有普遍性、强制性、互济性、储蓄性及补偿性等特征，必须通过立法形式强制推行。社会保险是社会保障体系中最基本、最核心的内容，主要包括养老保险、医疗保险和失业保险。

社会保险和商业保险既严格区别，又有密切联系。二者的区别是：(1) 立法范畴不同。社会保险以国家立法形式出现，具有强制性；而商业保险以契约自由为原则，随意性很大。(2) 基本属性不同。社会保险按照权利与义务在劳动上的对等原则实行，属于福利性质；而商业保险则是一种以营利为目的的商业投资。(3) 资金来源不同。社会保险资金来自个人、企业及国家财政补贴；而商业保险资金全部由投保人负担。(4) 对象和作用不同。社会保险的对象是全体社会成员，职能在于保障他们在老、病、伤、残、失业时的基本生活需要；而商业保险的对象只是投保人，职能在于投保人根据自己生命的不同阶段，可以发现的疾病以及财产的多少、贵重程度等情况酌情投保，以期望在发生意外时获得一定的经济补偿。二者的联系是：它们均具有经济安全保障的属性和作用，商业保险是社会保险的必要补充。

社会福利，是国家或社会在法律和政策范围内，在居民住宅、公共卫生、环保、基础教育领域，向全体公民普遍提供资金帮助和优价服务的社会性制度。社会服务表现为国家及各种社会团体举办的多种福利设施、提供的社会服务以及举办的各种社会福利事业，目的是改善人民生活，提高公民的生活质量。社会福利的一个重要特点，是人们所享受的各项利益不是直接从个人工作报酬中获得，而是通过某种有组织的社会途径获得。社会福利是社会保障的最高层次保障。

一个国家的福利水平，基本上是由国民经济发展水平决定的。如经济发达的瑞典，就是一个高福利国家，"从摇篮到坟墓"，几乎无所不包。我国的社会福利事业包括三个方面：一是以全体社会成员为对象的公共福利，如城市中的道路、公园、交通等各种福利设施和服务活动。二是对国家职工的福利，如各种福利补贴。三是对孤、老、残、幼等社会困难成员的特殊福利。

社会优抚，是国家和社会按照规定，对法定的对象，如现役军人及其家属、退休和退伍军人及其烈属等，为保证其一定的生活水平而提供的资助和服务，是一种带有物质照顾和精神鼓励的特殊制度。社会优抚是一种特殊的社会保障方式。人类社会自从出现了国家、军队和战争后,就产生了社会性优抚工作,只是形式和内容因时因地而异,但共同特征表现为具有补偿性、救济性、保险性和福利性。

除上面四个方面内容外,社会保障还包括社会互助、个人储蓄积累保障等内容。社会保障体系的基本内容如下表:

社会保障体系	社会保险	养老保险
		失业保险
		工伤保险
		医疗保险
	社会福利	住房补贴
		食品价格补贴
		其他补贴(如取暖、交通、探亲等)
	社会救助	贫困居民救助
		鳏、寡、孤、独、残疾人救助
		灾民救助
	社会优抚	烈军属优抚
		伤残军人优抚
		复员、退伍军人优抚
	社会互助、个人储蓄积累	

2. 加强社会保障体系建设

社会保障是民生安全网、社会稳定器,与人民幸福安康息息相关,关系国家长治久安。习近平同志在党的十九大报告中明确提出,按照兜底线、织密网、建机制的要求,全面建成覆盖全民、城乡统筹、权责清晰、保障适度、可持续的多层次社会保障体系。

全面实施全民参保计划。完善城镇职工基本养老保险和城乡居民基本养老保险制度,尽快实现养老保险全国统筹。完善统一的城乡居民基本医疗保险制度和大病保险制度。完善失业、工伤保险制度。建立全国统一的社会保险公共服务平台。统筹城乡社会救助体系,完善最低生活保障制度。坚持男女平等基本国策,保障妇女儿童合法权益。完善社会救助、社会福利、慈善事业、优抚安置等制度,健全农村留守儿童和妇女、老年人关爱服务体系。发展残疾人事业,加强残疾康复服务。坚持房子是用来住的、不是用来炒的定位,加快建立多主体供给、多渠道保障、租购并举的住房制度,让全体人民住有所居。

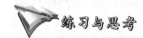 **练习与思考**

阅读以下材料并回答问题:

高素质人力资源相对缺乏,低素质劳动力又恰恰是导致经济效率低、经济资源浪费的主要根源之一,也是导致最近几年失业率不断攀升的主要根源之一。

先看国民平均教育水平。第五次全国人口普查资料显示,我国文盲率大幅度下降,受教育程度已有大幅度提高,其中具有大学(大专以上)文化程度的比例由1.24%上升为3.61%,具有高中文化程度的由8.03%提高到11.15%,具有初中文化程度的由23.34%上升为33.96%,具有小学文化程度的由37.06%下降为35.7%。但同发达国家相比,我们的差距还很大,尤其是大学毛入学率,发达国家高达46.9%。发达国家人口预期受教育年限平均为14年,而我国国民平均受教育年限为8年左右,与世界平均水平相差3年,只是略高于低收入国家的平均水平。

再看科学素质。一国的教育水平是决定其科技文化水平的基础,基础上的差距必然带来科学素质上的差距。曾有一项调查显示出中美国民科学素质的差异:具备理解科学知识水平的,美国为35.7%,中国为30.1%;具备理解科学过程水平的,美国为13.3%,中国为2.6%;具备理解科学影响水平的,美国为26.4%,中国为1.9%;具备科学素养的,美国为6.9%,中国为0.3%。有研究表明,知识创新指数世界平均为54%,而我国创新指数只占21%,且高端产品依存度达70%以上。透过以上数字可以看出,我国国民素质还不能适应科技发展的需要。

第三看工人素质。制约经济增长的不仅仅是科技实力,经济增长在相当大的程度上还受制于生产工人的素质状况。有研究表明,在工业社会中,一个最好的、最有效率的工人,比一个一般的工人可能多生产出20%—30%的产品。而在信息社会中,素质对产出的影响更大,一个最好的软件开发人员能比一个一般的人员多做5倍甚至10倍的工作。因此,各国不仅高度重视科技人才的培养,而且高度重视技能型生产工人的培养。发达国家的技术工人构成中,高级工占35%以上,中级工占50%,初级工占15%。而我国高级工仅占4%,中级工占36%,初级工占60%。根据2006年劳动保障部公布的数字表明,目前在我国2.7亿城镇从业人员中,获得国家职业资格证书以及具有相当水平的技能劳动者只有8 720万人,占从业人员的33%,其中包括高级技师、技师、高级工在内的高技能人才只有1 860万人,仅占技能劳动者的21%。上海市2006年第一季度汽车装调工、汽车机电工等汽车生产类技术人员需求量达7 400人,应聘者仅4 300人,平均每名求职者有1.7个工作机会,出现技能人才持续走高,市场供不应求的态势。

思考:通过以上几组数据对比,我们看到了什么?有什么感想?

第三章 生活中的理财者

在社会生活中,大到国家的重大政治活动、经济建设和文化发展,小到一个家庭、一个具体个人的日常工作和生活,都离不开一定的财力支持。国家的财政收入从哪里来,又如何合理分配;个人收入的分配制度和原则如何,又如何花钱和理财……这些问题不仅事关国家各项事业的健康发展,也与我们每个人的生存和生活息息相关。

第一节 国家的收入与支出

从2006年开始,我国全部免除西部地区农村义务教育阶段学生学杂费,2007年扩大到中部和东部地区,对贫困家庭学生免费提供教科书并补助寄宿生生活费。免学杂费资金由中央和地方按比例分担;对贫困家庭学生免费提供教科书的资金,中西部地区由中央全额承担,补助寄宿生生活费资金由地方承担。

一、国民收入的分配

经济生活中,各个国家和地区通常用国内生产总值(GDP)来衡量经济发展的综合水平,并进行国际间的比较。国内生产总值(GDP)指一国在一定时期(通常为一年)内,在其领土范围内,本国居民和外国居民生产的全部最终产品和提供劳务价值的总和。

国内生产总值是以国界为准,指所有在本国领土内的生产活动,既包括本国国民在本国领土内的生产活动,又包括外国国民在本国领土内的生产活动,但不包括本国国民在国外的生产活动。

2017年,中国经济运行稳中向好,国内生产总值(GDP)比上年增长6.9%,GDP总量突破80万亿元,对世界贡献率不断提高。

国民生产总值

国民生产总值(Gross National Product,简称GNP)是一国所拥有的生产要素所生产的最终产品价值,是一个国民概念。(与国内生产总值不同,国内生产总值是在一国范围内生产的最终产品的价值,是一个地域概念)具体来讲,国民生产总值中有一部分是本国拥有的生产要素在国外生产的最终产品价值。GNP 是与所谓的国民原则联系在一起的。

绿色 GDP

人类的经济活动一方面为社会创造着财富,产生"正面效应";另一方面又无休止地向生态环境索取资源、排泄废弃物,使生态环境日益恶化,产生"负面效应"。现行的经济核算制度只反映了经济活动的正面效应,没有反映负面效应,是有一定局限性的,不符合科学发展战略。从现行 GDP 中扣除环境资源成本和对环境资源的保护费用,其计算结果可称为"绿色 GDP"。绿色 GDP 占 GDP 的比重越高,表明国民经济增长的正面效应越高,负面效应越低。

国民收入指一个国家在一定时期内(通常为一年)新生产的最终产品和提供劳务的价值总和。在社会财富中,国民收入是扣除掉消耗掉的生产资料价值之后剩下来的那部分价值,是劳动者新创造的社会财富,标志着一个国家在一定时期内扩大再生产和提高人民生活水平的能力。

国民收入的分配分为初次分配和再分配。国民收入的初次分配是在创造国民收入的物质生产领域内进行的分配,划分为国家的收入、企业收入和居民收入三部分,初次分配中要统筹兼顾三方面的利益,更好地调动各方面的积极性。国民收入的再分配是在全社会范围内进一步进行分配,以满足文化教育、科研、医疗卫生、国家行政机关和国防等非物质生产部门发展的需要。增加国民收入是通过提高劳动生产率,增加投入劳动量,节约生产资料来实现的。

二、财政收入与支出

1. 财政收入

社会生活中,无论是老百姓的生活保障,还是国家的政治活动、国防开支、经济文化建设,都需要依靠国家提供财力支撑。因此,国家必须凭借其自身拥有的政治权力,强制性地征收一部分社会产品,直接掌握一定的收入,以满足各方面支出的需要。

国家通过一定的形式和渠道筹集起来的资金就是财政收入。我国财政收入有四大渠道,包括税收收入、利润收入、债务收入及其他收入。其中,税收是财政收入的最重要的来源。

影响财政收入的因素有很多,但主要是两个方面:

第一,经济发展水平,这是基础性的因素。国家收入主要依靠经济发展,经济发展壮大,税收、利润才有保证;没有经济的增长,就不会有国家财政收入的增长,经济决定财政,财政反过来影响经济。做好财政工作首先应该把经济和企业蛋糕做大。只有企业和经济蛋糕做大了,财政蛋糕才能做大。因此,经济发展水平与财政收入的关系,可以说是根与叶、源与流的关系。

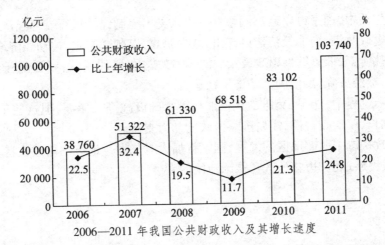

2006—2011年我国公共财政收入及其增长速度

第二,分配政策。在一定时期内,社会创造的总财富是一定的,国家要的多,企业和个人的分配收入就减少;反之,企业和个人要的多,国家收入就减少,它们是此消彼长的关系。国家应制定合理的分配政策,既保证国家财政收入的稳步增长,又促进企业的持续发展和人民生活水平的不断提高。

2. 财政支出

财政支出就是国家对集中起来的财政资金进行分配和使用的过程。国家财政支出的资金,按用途可以分为经济建设支出,科、教、文、卫事业支出,行政管理和国防支出,债务支出和社会保障支出,财政支出规定着政府活动的范围和方向,也反映着政府的政策。

经济建设支出。经济建设支出占据财政支出的首位,在全部经济建设支出中,基本建设和支持农业的支出占绝大多数,反映了国家把参与经济建设作为财政支出的重点。

科学、教育、文化、卫生事业支出。这主要包括这些单位的人员经费支出,设备购置、维护及公务费用支出。

行政管理和国防支出。这是指用于政府机关、司法部门、驻外机构、军队建设、国防建设、国防科研方面的支出。

社会保障支出。这是指国家财政为公民提供的社会保险、社会福利、社会救济、社会优抚的各种费用。

债务支出。债务支出是指用于偿还国家各种债务本息方面的支出。

3. 财政收入和支出的关系

财政收入和支出的关系有三种情况:收大于支,有盈余;支大于收,有赤字;收支相等。

财政收支平衡,是指当年财政收入等于支出,或收入大于支出略有节余,或支出大于收入略有赤字。财政收支相等是最理想状态,表明国家筹集的资金得到充分利用。但收支平衡是在动态中实现的,由于具体条件不断变化,收支完全相等的情况几乎是不存在的。财政赤字,是指当年财政支出大于财政收入的部分。赤字意味着要靠借债过日子,有可能导致社会总供给与总需求不平衡,引发通货膨胀。必须把财政赤字控制在一定范围之内。

4. 财政的重要作用

财政对于保持国民经济持续稳定发展、构建社会主义和谐社会发挥着积极的作用。国家通过财政,推动国民经济的健康、协调发展。

在经济生活中,国家可以通过调整财政收入支出控制经济运行。当经济增长缓慢时,采取积极的财政政策,增加经济建设支出,减少税收,以刺激需求,拉动经济增长;反之,当经济发展过热时,采取紧缩性财政政策,减少财政支出,增加税收,以抑制社会需求,降低通货膨胀率,给经济降温,使国民经济平稳运行。

经济发展过程中,能源、交通、通信、水利等基础设施至关重要,但这些工程资金投入大、建设周期长、获取收益慢,需要国家财政的鼎力支持。

国家财政扶持中西部地区的发展,国家将加大对欠发达地区的财政支持力度,促进革命老区、少数民族地区、边疆地区和贫困地区的发展。

想一想

2003年3月1日,我国启动了第一个探月工程"嫦娥工程",利用先进仪器对月球的资源和能源分布以及特殊环境进行全面的探测,探测工程将分"绕"、"落"、"回"3个阶段实施。2007年发射了第一颗月球探测卫星,第一期即"嫦娥一号"绕月工程,总投资约14亿元人民币,由国家承担科研经费,整个计划将历时20年。

你还能列举国家集中力量办大事的事例吗?

国家通过财政,支持科、教、文、卫等各项社会事业发展。

国家支持高科技研究开发,逐年加大对教育的投入,健全农村义务教育经费保障机制,建立覆盖城乡居民的公共卫生服务体系,促进社会的全面发展。

国家通过财政,促进人民生活水平的提高和社会的和谐发展。

国家加大对民生事业的投入力度,让广大人民群众共享改革发展成果,加快建立覆盖城乡居民的社会保障体系,进一步完善城市居民最低生活保障和企业职工基本养老保险制度,积极稳妥地推动农村低保工作,健全社会保险、社会救助与促进就业的联动机制,进一步改善民生。

想一想

党的十九大报告指出,坚持在发展中保障和改善民生,必须多谋民生之利、多解民生之忧,在发展中补齐民生短板,促进社会公平正义,在幼有所育、学有所教、劳有所得、病有所医、老有所养、住有所居、弱有所扶上不断取得新进展。

你能感受到政府在民生方面的财政支出吗?请举例说明。

财政是巩固国家政权的物质保证。维护社会治安,保护社会主义经济和政治秩序,打击刑事犯罪,保卫国家独立和领土安全,巩固国家政权,需要国家财政提供物质保障。

第二节 税 收

一、税收的含义与特征

税与赋自古有之,国家赋税关系国计民生。相传夏商时的贡赋制度是赋税的雏形。税与赋原是两种内容不同的税收项目。《汉书·刑法志》:"有税有赋,税以足食,赋以足兵。"后来"赋"渐失原有军赋意涵,改按田地征收,税与赋逐渐合在了一起。

税收是国家为实现其职能,凭借政治权力,依法取得财政收入的基本形式。强制性、无偿性、固定性是税收的基本特征。

强制性。 主要是指国家凭借政治权力以社会管理者的身份,用法律、法规等形式对征收捐税加以规定,并依照法律强制征税。

无偿性。 国家不用返还给纳税人,也不需要对纳税人直接付出任何代价。

固定性。 国家以法律形式预先规定了征税对象和税率,不经批准不能随意改变。

税收的无偿性要求它具有强制性,强制性是无偿性的保障。税收的强制性和无偿性又决定了它必须具有固定性。

二、我国税收的性质与种类

1. 我国税收的性质

我国税收的性质根本上是由生产资料公有制决定的,公有制决定了我国的税收取之于民,也必须用之于民。所以,社会主义税收的性质是取之于民,用之于民。

2. 我国税收的种类

根据征税对象划分,目前我国税收分为流转税、所得税、资源税、财产税和行为税五大类,共二十多种。

取之于民
用之于民

流转税类。 包括增值税、消费税、营业税、车辆购置税。这些税种通常是在生产、流通或者服务过程中,按照纳税人取得的销售收入或者营业收入征收的。

所得税类。 包括企业所得税(适用各类内资企业)、外商投资企业和外国企业所得税、个人所得税,这些税种是按照生产者、经营者取得的利润或者个人取得的收入征收的。

资源税类。 包括资源税和城镇土地使用税。这些税种是对从事资源开发或者使用城镇土地者征收的,可以体现国有资源的有偿使用,并对纳税人取得的资源级差收入进行调节。

财产税类。 包括房产税、城市房地产税和船舶吨税。

行为税类。 包括车船使用税、车船使用牌照税、印花税、契税、屠宰税和筵席税。这些税种是对特定的行为征收的。

我国众多税种中,与生产经营活动联系紧密的增值税、与老百姓收入息息相关的个人所得税、与国家利益不可分割的关税是影响较大的税种。

(1) 增值税。

增值税是以生产经营中的增值额为征税对象的一种税。它的纳税人是在我国境内销售货物或者提供加工、修理修配劳务以及进口货物的单位和个人。

增值税最突出特点则在于只对增值部分征税,以增值额作为计税依据,只对销售额中本企业新创造的、未征过税的价值征税。它不仅可以避免对一个经营额重复征税,而且可以防止前一生产经营环节中企业的偷漏税行为。它有利于促进生产的专业化和体现公平竞争,也有利于财政收入的稳定增长。

(2) 个人所得税。

个人所得税是国家对个人所得征收的一种税。征税对象:在我国境内有住所,或者无住所而在境内居住满一年,从我国境内外取得所得的个人;在我国境内无住所又不居住或居住不满一年而从我国境内取得所得的个人。

议一议

十一届全国人大常委会第二十一次会议表决通过《全国人民代表大会常务委员会关于修改〈中华人民共和国个人所得税法〉的决定》。根据决定,2011年9月1日起,我国公民个人所得税免征额调整至3 500元/月。税率级数由九级减为七级。

我国个人所得税实行超额累进税率和比例税率相结合的税率体系。

超额累进税率——工资、薪金所得,适用3%—45%的超额累进税率。超额累进税率的"超"字,是指征税对象数额超过某一等级时,仅就超过部分,按高一级税率计算征税。纳税人所得越高,课税越重;所得越低,课税越轻,体现了"高收入者多纳税,低收入者少纳税"的显著特点。

比例税率——即按一定比例征收税款。我国对稿酬所得、利息、股息、财产租赁所得等,适用比例税率。

个人所得税税率表(工资、薪金所得适用)	
全月应纳税所得额(含税所得额)	税率%
1. 不超过1 500元	3
2. 超过1 500元至4 500元	10
3. 超过4 500元至9 100元	20
4. 超过9 000元至35 000元	25
5. 超过35 000元至55 000元	30
6. 超过55 000元至80 000元	35
7. 超过80 000元	45

个人所得税不仅是国家财政收入的重要来源,而且是调节个人收入分配、实现社会公平的有效手段。

(3) 关税。

关税是指由国家海关当局对进出边境的货物和物品征收的一种税。具体地说,它是指由海关代表国家,按照《海关法》等法律、法规,对国家准许进出境的货物、物品所课征的一种流转税。从这一定义可以看出,关税的征收主体是国家,关税的征收部门是海关,征收的对象是进出境的货物、物品。

走私,是一种秘密地违法进口和出口货物,逃避海关检查,偷税漏税以牟取暴利的行为。

厦门特大走私案:1996年至1999年上半年,赖昌星走私犯罪集团及其他走私犯罪分子,在厦门关区走私进口成品油450多万吨、植物油45万多吨、香烟300多万箱、汽车3 588辆,以及大量西药原料、化工原料、纺织原料、电子机械等货物,价值高达人民币530亿元,偷逃税款人民币300亿元。

走私不仅会造成国家财税严重损失,还会扰乱公平竞争的市场秩序,威胁民族工业的生存和发展,危及国家经济安全。必须重拳打击走私活动,维护国家利益。

关税的作用主要表现在两个方面:一是增加国家财政收入;二是对一国进出口贸易的调节作用。关税的调节作用主要表现在两个方面:一方面,对国内能大量生产或暂时不能大量生产但将来可能发展的产品,征收较高的进口关税,限制进口,以保护国内同类商品的生产和发展;另一方面,对本国不能生产或生产不足的原料、半制成品和生活必需品或生产上的急需品的进口降低税率或免税,鼓励进口,以满足国内生产和生活需要。

三、违反税法的行为及其处罚

2002年7月24日,著名演员刘晓庆因其所办公司涉嫌偷税,经北京市人民检察院第二分院批准,被依法逮捕。截至此日,北京市地税局第一稽查分局已调查证实,北京晓庆文化艺术有限责任公司1996年以来采取不列、少列收入,多列支出,虚假申报等手段偷逃税款,数额较大。刘晓庆作为该公司法定代表人,其个人行为已涉嫌偷税犯罪。

1. 偷税

偷税是指纳税人有意违反税法规定,用欺骗、隐瞒等方式逃避纳税的行为。例如,伪造、涂改、销毁账簿和票据,隐瞒销售收入和经营利润等。

2. 欠税

欠税是指纳税人超过税务机关的纳税期限，没有按时缴纳而拖欠税款的行为。

根据《税法》，纳税人欠税的，税务机关除责令限期缴纳外，从滞纳税款之日起，按日加收千分之二的滞纳金。逾期仍未缴纳的，税务机关可以从其在金融机构中的存款中强制扣缴税款和滞纳金；或者扣押、查封、拍卖其价值相当于应缴款项的商品或财产，以拍卖所得抵缴税款和滞纳金。

3. 骗税

骗税是指纳税人用欺骗手段获得国家税收优惠的行为。

《刑法》第204条规定：以假报出口或者其他欺骗手段，骗取国家出口退税款，数额较大的，处5年以下有期徒刑或者拘役，并处骗取税款1倍以上5倍以下罚金；数额巨大或者有其他严重情节的，处5年以上10年以下有期徒刑，并处骗取税款1倍以上5倍以下罚金；数额特别巨大或者有其他特别严重情节的，处10年以上有期徒刑或者无期徒刑，并处骗取税款1倍以上5倍以下罚金或者没收财产。

4. 抗税

抗税是指纳税人抗拒税法规定的违法行为。以暴力、威胁方法拒不缴纳税款的，是抗税。

根据《刑法》第202条的规定，以暴力、威胁方法拒不缴纳税款的，处3年以下有期徒刑或者拘役，并处拒缴税款1倍以上5倍以下罚金；情节严重的，处3年以上7年以下有期徒刑，并处拒缴税款1倍以上5倍以下罚金。

甲公司伪造账簿，隐瞒巨额销售收入，少缴税款巨大。乙公司用伪造证件等手段，把自己的普通公司变为高新技术企业，从而享受了国家的税收优惠。

分析：甲公司和乙公司属于违反税法的哪类行为？

在我国，税收的作用是十分重要的。税收是组织财政收入的基本形式；税收是调节经济的重要杠杆；税收是国家实现经济监督的重要手段。

宪法规定，依法纳税是公民的基本义务。税收同国家富强、人民幸福联系在一起，我们应当树立纳税人意识，将纳税看成是国家主人翁地位的具体体现。作为公民，自觉依法纳税义不容辞。

(1) 作为学生,我们是纳税人吗?

(2) 江子洋,鹏程科技公司研发人员,月收入6 000元。根据我国个人所得税的相关法律规定,江子洋每月应交纳的税款是多少?

第三节　个人收入的分配

一、个人收入的分配制度

"知识型职工"的楷模邓建军,十多年来带领科研小组不断破解纺织机械行业的全国性、世界性难题,为企业创造经济效益3 000多万元。2005年,邓建军受到常州黑牡丹(集团)股份有限公司的重奖,并被企业聘为高级技师,月薪8 000元,同时享有政府特殊津贴。

生产决定分配,生产资料所有制决定分配方式。在社会主义初级阶段,实行公有制为主体、多种所有制经济共同发展的基本经济制度,相应地就必然实行按劳分配为主体、多种分配方式并存的分配制度。

公有制在我国国民经济中占主体地位,在公有制经济中就业的劳动者占多数,因此,按劳分配在所有分配方式中占主体地位。按劳分配是社会主义公有制经济中个人消费品分配的基本原则。

所谓按劳分配,就是要求以劳动者向社会提供的劳动数量和质量为尺度,分配个人消费品,实行多劳多得,少劳少得。

实行按劳分配,是由我国现实的经济条件决定的。生产资料公有制是实行按劳分配的前提;社会主义公有制条件下生产力的发展水平是实行按劳分配的物质基础;社会主义条件下人们劳动的性质和特点,是实行按劳分配的直接原因。

实行按劳分配,劳动者的个人收入与自己付出的劳动数量和质量直接联系在一起,有利于充分调动劳动者的积极性和创造性,激励劳动者努力学习科学技术,提高劳动技能,从而促进社会生产力的发展。按劳分配作为社会主义性质的分配制度,是对以往几千年来不劳而获的剥削制度的根本否定,是消灭剥削和消除两极分化的重要条件,它体现了劳动者共同劳动、平等分配的社会地位。

议一议

北里屯果品种植基地，以分配制度改革促效益，吸引技术员以技术入股参与收益分配，在技术人员的精心管理和大胆创新下，基地百亩冬枣树果实产量翻番，亩产达1 000公斤以上，获得大丰收，仅此一项，基地就创收60余万元。冬枣技术员获得了12万元的收益，收入比以前增长了近20倍，果农和技术员实现了双赢。

技术人员以技术入股获得的收益，属于何种分配方式？

按生产要素分配是指生产要素所有者凭借对生产要素的所有权参与收益分配。我国正在逐步健全劳动力、资本、技术、管理等生产要素按贡献参与分配的制度。

读一读

按生产要素分配

按劳动力要素分配。在私营、外资企业中劳动者获得的工资收入。

按资本要素分配。私营企业主生产经营所取得的税后利润；生活中的利息收入、股息分红、债券、股票交易收入等。

按技术要素分配。科技工作者提供先进技术取得的收入。

按管理要素分配。企业管理人才凭借管理才能和在生产经营中的贡献而参与分配的方式。

完善按要素分配的体制机制，是对市场经济条件下各种生产要素所有权存在的合理性、合法性的确认，体现了国家对公民权利的尊重，对劳动力、知识、人才、创造的尊重。有利于让一切劳动力、知识、技术、管理和资本的活力竞相迸发，让一切创造社会财富的源泉充分涌流，以造福于人民。

想一想

江子涵，私营企业老板，2011年获纯利润16万元；妻子为外资企业员工，年收入5万元；女儿为国有电力公司工程师，年收入6万元。当年家庭投资股票获利1.2万元。

（1）上述材料体现了我国现阶段实行怎样的分配制度？

（2）该家庭获得的收入分别属于哪种分配方式？

二、处理好效率和公平的关系

在社会主义现阶段，坚持按劳分配原则，完善按要素分配的体制机制，处理好效率和公平的关系。

效率,指经济活动中产出与投入的比率,它表示资源有效利用的程度,效率提高意味着资源的节约和社会财富的增加,效率是人类经济活动追求的基本目标之一。

公平,我们这里指的是收入分配的公平。它主要表现为收入分配的相对平等,即要求社会成员之间的收入差距不能过于悬殊,要求保证人们的基本生活需要。

收入分配公平与平均主义有根本区别,收入分配公平是中国特色社会主义的内在要求,是实现共同富裕的体现。

漫画"分配不公,企业亏损"说明了什么?

在社会主义市场经济条件下,效率与公平,是辩证统一的。一方面,效率是公平的物质前提。只有在发展生产力,提高经济效率,创造更多的物质财富基础上,社会公平才能逐步实现。另一方面,公平是提高经济效益的保证。只有收入分配公平合理,才能激发劳动者的积极性和创造活力,实现生产力的持久发展,不断地提高效率。效率与公平分别强调不同的方面,二者又存在矛盾。

我国农村改革之前实行集体劳动,分配上吃"大锅饭",出一天工,记一个工分,人们的收入没有太大的差距,形成"上工人喊人,做工人看人,下工人追人"的出工不出力的劳动场景。

(1) 分配上没有差别就是公平吗?
(2) 分配上吃"大锅饭"对生产力发展有什么影响?

坚持按劳分配原则,完善按要素分配的体制机制,促进收入分配更合理、更有序。鼓励勤劳守法致富,扩大中等收入群体,增加低收入者收入,调节过高收入,取缔非法收入。坚持在经济增长的同时实现居民收入同步增长、在劳动生产率提高的同时实现劳动报酬同步提高。

第四节　投资与理财

中国有句古话，"吃不穷,穿不穷,算计不到就受穷"，简明扼要地说明了生活要懂得理财的道理。何谓理财,通俗地说,就是懂得花钱和挣钱,让钱生钱！套用一句时髦的话,就是"盘活资产,保值增值"。

随着经济的发展,人们收入逐步提高,投资理财意识逐步走向千家万户。最为常见的是银行储蓄、债券、保险、股票这几种投资理财方式。

一、储蓄者

个人将节余的或者暂时不用的货币存入银行,是一种传统的理财方式。

储蓄存款,是指个人将属于其所有的人民币或外币存入储蓄机构,储蓄机构开具存折或存单作为凭证,个人凭存折或存单可以支取存款的本金和利息,储蓄机构依照规定支付存款本金和利息的活动。我国主要储蓄机构有商业银行、邮政企业等依法办理储蓄业务的机构。储蓄是一件利国利民的事情,它可以将分散在人们手中暂时不用的货币集中起来,用于国家的各项建设事业,对于稳定经济、调节货币流通也有着重要的作用。对于个人来说,参加储蓄不仅可以得到利息,还可以安排好生活,培养勤俭节约的风尚。

我国自2004年4月1日起,在全国实施个人存款账户实名制,即个人在金融机构办理储蓄存款时,必须带身份证,使用实名,它有利于更好地维护存款人的合法权益。我国实行鼓励和保护储蓄的政策,坚持存款自愿、取款自由、存款有息、为储户保密的原则。

老百姓选择的储蓄种类一般有活期储蓄、整存整取定期储蓄、零存整取定期储蓄、存本取息定期储蓄等。

活期储蓄：不规定存期,储户随时可以存取,存取金额不限(1元起存)的储蓄方式。活期储蓄具有流动性强、灵活方便的特点,但收益较低。

整存整取定期储蓄：一次存入本金,到期一次支取本金和利息的银行储蓄方式。

零存整取定期储蓄：简称零整储蓄,是分次存入,到期一次提取本息的定期储蓄。

存本取息定期储蓄：该储种适合持较大数额现金的储蓄投资者。

存入银行的钱叫本金。人们储蓄存款获得的报酬叫利息,它是存款本金的增值部分。利息率也叫利率,它是一定时期内利息额同本金的比率。利率有年利率、月利率、日利率。2008年10月8日起暂免征收利息税。

利息计算的基本公式：利息 = 本金 × 存期 × 利率

在我国,居民储蓄存款主要是在商业银行中进行的。商业银行是指经营吸收公众存款、发放贷款、办理结算业务,并以利润为主要目标的金融机构。我国的商业银行以国家控股银行为主体,是我国金融体系中最重要的组成部分。

我国排名前十位的商业银行是中国工商银行、中国农业银行、中国建设银行、中国银行、交通银行、招商银行、中信实业银行、上海浦东发展银行、民生银行及光大银行。商业银行的主要业务是:

第一,存款业务。存款业务是商业银行以一定的利率和期限向社会吸收资金,并还本付息的业务。这是商业银行的基础业务,没有它银行就不能生存和开展其他业务。

第二,贷款业务。贷款业务是商业银行以一定的利率和期限向借贷人提供资金,并要求偿还本息的业务。这是商业银行的主体业务,也是商业银行盈利的主要来源。按其用途可分为工商业贷款和消费者贷款。

第三,结算业务。结算业务是商业银行为社会经济活动中的货币收支提供手段与工具的服务。银行从中收取一定的服务费用。

除上述三大业务外,商业银行还可以提供债券买卖与兑付、代理买卖外汇、代理保险、提供保管箱等其他服务。

想一想

(1) 除了存款储蓄,商业银行还能为老百姓的生活提供哪些服务?

(2) 李子浩春节期间得到 800 元压岁钱,父母建议他存入银行,李子浩选择了二年期整存整取定期储蓄。若二年期的年利率为 4.68%,二年期满后,他所得的利息是多少?

二、投资者

1. 股票投资

读一读

陈女士于 2017 年 4 月 7 日在证券交易所以 6.1 元的价格买进某公司股票 1 000 股,此后几天,该股票一路上扬,2017 年 4 月 11 日达到 7.3 元的较高价格,由于陈女士对该股票的价格有更高的期望,未及时卖出。但此后,该股票逐步下跌,2017 年 10 月 28 日,股价跌到 5.6 元,陈女士为了止损,以 5.6 元的价格全部卖出。

股票,是股份有限公司筹集资本时向出资人出具的股份凭证。购买了公司的股票就是公司的股东,股东有权参与公司的决策、分享公司的利益,同时也要分担公司的责任和经营风险。股票一经认购,持有者不能以任何理由要求退还股本金,只能通过证券市场将股票转让和出售。由于股票可以在股票市场上流通买卖,使股票充满了活力。因此,股票的主要特点概括为:具有不返还性、风险性、流通性。

在我国,只有上市公司股票才能在股票交易所挂牌交易。社会公众可以通过证券交易所购买上市公司的股票,进行投资活动。

读一读

上市公司

上市公司是指所发行的股票经过国务院或者国务院授权的证券管理部门批准,在证券交易所上市交易的股份有限公司。与一般公司相比,上市公司最大的特点在于可利用证券市场进行筹资,广泛地吸收社会上的闲散资金,从而迅速扩大企业规模,增强产品的竞争力和市场占有率。因此,股份有限公司发展到一定规模后,往往将公司股票在交易所公开上市作为企业发展的重要战略步骤。

证券交易所是证券商进行上市股票、债券公开集中交易的场所。我国目前建有上海和深圳两个社会个人股证券交易所。投资者可通过这两个证券交易所进行股票买卖。目前深、沪两地交易所均实现了交易无纸化、电子化,投资者进入股市必须先到当地证券登记机构分别开立上海、深圳股票账户,只有拥有股票账户,才能进行股票交易。

股票投资的收入包括两部分:

(1) 股息和红利收入,从公司取得的利润中定期获得的一部分分配收入。

(2) 股票价格上涨带来的差价,这种收入有时可能很高。股票价格受公司收益、公司前景、市场供求关系、经济形势等诸多因素影响,股价经常处于波动起伏的状态,正是这种波动给投资者提供了可能获利的机会。

股票和风险是孪生子,只要股票存在,风险就相伴而生。股海是一个险滩,充满风险,股市风云永远变幻莫测,没人能够准确无误地预测股市行情。任何一个准备或已经在证券市场中投资的投资者,在具体的投资活动前,都应认清风险、正视投资风险,从而树立风险意识。

股票市场,有"牛市"与"熊市"之说。

"牛市"(bull market)是上涨的行情,也称多头市场,指市场行情普遍看涨,延续时间较长的大升市。

"熊市"(bear market)是下跌的行情,也称空头市场,指行情普遍看淡,延续时间相对较长的大跌市。

发行股票可以把居民手中的闲散资金集中起来,投入经济建设,提高资金使用效率,可以为企业筹集资金,促进经济发展。

2. 债券投资

读一读

2006年7月初的一天,总额度为150亿元的2006年第一期电子式储蓄国债在全国范国内联网销售。某市工商银行、农业银行、中国银行、建设银行、交通银行和招商银行的一些网点营业大厅内出现了排队买国债的市民。从农业银行传来消息,银行开门销售不到10分钟,农业银行总行全国联网销售国债额度已经突破1亿元。半小时左右,农业银行总行全国销售额已达到3亿多元。同期本市其他银行也出现积极认购国债的盛况。很多银行人士指出,预计半天时间内国债将售罄。

债券是一种有价证券,是筹资者向投资者出具的,并承诺按一定利率定期支付利息和到期偿还本金的债券债务凭证。按发行主体不同,目前债券主要分为国债、企业债券和金融债券。

（1）国债。

国债是中央政府为筹集财政资金而发行的一种政府债券,是中央政府向投资者出具的、承诺在一定时期支付利息和到期偿还本金的债权债务凭证。中央政府发行国债的目的往往是弥补国家财政赤字,或者为一些耗资巨大的建设项目以及某些特殊经济政策筹措资金。由于国债以中央政府的税收作为还本付息的保证,因此风险小、流动性强,利率也较其他债券低。

国债分为凭证式国债和记账式国债。前者不可上市流通,可提前兑取,但需要支付一定手续费,特别是一年内提前支取,还不计息,因此存在一定的风险性;后者可以上市流通转让。国债利息比银行略高,风险性小,也不交利息税,因此较受百姓欢迎。

金边债券

早在17世纪,英国政府经议会批准,开始发行了以税收保证支付本息的政府公债,该公债信誉度很高。当时发行的英国政府公债带有金黄边,因此被称为"金边债券"。在美国,经权威性资信评级机构评定为最高资信等级(AAA级)的债券,也称"金边债券"。后来,"金边债券"一词泛指所有中央政府发行的债券,即国债。

（2）企业债券。

企业债券是由企业为筹措资金而发行的债券,收益率一般高于国债和金融债券,但风险性也较大。企业主要以本身的经营利润作为还本付息的保证。因此,企业债券风险与企业本身的经营状况直接相关,一旦企业经营状况不好,连续出现亏损甚至倒闭,就可能无力支付本息。购买宜选择信誉等级为AA级以上的大企业。

（3）金融债券。

金融债券是金融机构为了筹集资金而发行的债券。在具体的经济活动中,由于金融机构的资信程度较高,所以金融债券多为一年期以上的中、长期债券。金融机构在发行金融债券时一般要征得中央银行的同意。金融债券的利率通常低于企业债券,但高于国债和银行储蓄存款利率。金融债券一般不记名、不挂失,但可以抵押和转让。

3. 保险投资

读一读

2017年2月,在天安保险公司投保的车主刘先生,驾驶轿车不幸与常先生相撞,导致常先生的身体多处受伤。经交警部门认定,刘先生承担事故全部责任。事后,天安保险公司根据受害人伤病情况预付了26 000元赔款,不仅使伤者常先生能够得到及时的救治,也为被保险人刘先生减轻了一笔不小的经济负担。

保险源于风险的存在。中国自古就有"天有不测风云,人有旦夕祸福"的说法。保险是以集中起来的保险费建立保险基金,用于对保险人因自然灾害或意外事故造成的经济损失给予补偿,或对人身伤亡和丧失工作能力给予物质保障的一种经济制度。

探其本质,保险是一种社会化安排,是面临风险的人们通过保险人组织起来,从而使个人风险得以转移、分散,由保险人组织保险基金集中承担。若被保险人发生损失,则可从保险基金中获得补偿。换句话说,一人损失,大家分摊,即"人人为我,我为人人"。可见,保险本质上是一种互助行为。

从法律角度看,保险是一种合同行为。投保人向保险人缴纳保费,保险人在被保险人发生合同规定的损失时将给予赔偿。保险合同通常又称为保单。

(1) 保险机构。

在我国,只有依法设立的保险公司才能经营保险业务。例如,中国人民保险公司、太平洋保险公司等,其他单位和个人不得经营。

(2) 商业保险与社会保险。

以"是否以盈利为目标"作为划分标准,保险可分为商业保险和社会保险两类。我们这里所说的保险投资,指的是商业保险,商业保险的经营主体是商业保险公司。商业保险是一种经营行为,保险业经营者以追求利润为目的,独立核算、自主经营、自负盈亏;商业保险依照平等自愿的原则,是否建立保险关系完全由投保人自主决定;商业保险的保障范围由投保人、被保险人与保险公司协商确定,不同的保险合同项目,不同的险种,被保险人所受的保障范围和水平是不同的。

商业保险与社会保险比较表

	社会保险	商业保险
性质	解决大多数社会成员最迫切的保险项目,具有强制性。	建立在商业原则基础上,是参与保险者个人意志的集合。
保障水平	只保障其基本生活水平。	保障项目广泛,给付标准较高。
费用负担	大多是个人、企业、政府共同负担或由政府承担。	完全由个人承担,保障范围与缴纳的保费成正比。
保险对象	以法定的社会成员为对象。	全体公民都可自由选择、自愿参加。

(3) 人身保险和财产保险。

根据保险标的不同,保险可分为人身保险和财产保险两大类。人身保险是以人的寿

命和身体为保险标的的保险。当人们遭受不幸事故或因疾病、年老以致丧失工作能力、伤残、死亡或年老退休后,根据保险合同的规定,保险人对被保险人或受益人给付保险金或年金,以解决病、残、老、死所造成的经济困难。财产保险以财产及其有关利益为保险对象。财产保险从广义上讲,是除人身保险外的其他一切险种,包括财产损失保险、责任保险、信用保险、保证保险、农业保险等,它是以有形或无形财产及其相关利益为保险标的的一类保险。

近几年,国内保险市场出现了分红保险等新种类,分红保险在具备正常的保障功能外,还可以从保险公司的经营利润中分到一部分盈余,能吸引更多的人积极参加保险活动。随着经济的发展,人民生活水平的提高,保险的种类会越来越多,保险的功能也会越来越全,参加保险的人也会越来越多。

理财专家形象比喻:银行储蓄是家庭理财的后卫,可用于应急支出;债券可以称得上是中场,可进可守;股票就是前锋,一旦投资成功,会带来财富的迅速增加;而保险则是强有力的守门员。这个守门员在风险管理和家庭理财规划方面发挥着重要的作用。

作为一种健康的家庭理财观念,必须合理地安排自己的财富投资,不可以把鸡蛋同时放在一个篮子里。

 **想一想**

专家建议购买保险应适量,买卖股票需谨慎,投资债券是重点,银行储蓄是基础。你能运用经济知识分析说明吗?

练习与思考

1. 比较股票与债券的区别和联系填下表。

		股 票	债 券
二者的区别	性 质		
	受益权		
	偿还方法		
二者的联系			

2. 理财方案设计。

假如你家里有20万元闲置资金,请你根据家庭实际,设计一套你最中意的投资方案,并说明主要理由。

第四章 面对市场经济

在现代经济生活中,生产、分配、交换、消费都是在市场经济条件下进行的。那么,什么是市场经济?市场经济最终是依据什么经济规律来发挥作用的呢?我国的社会主义市场经济有什么特点?发展社会主义市场经济为什么离不开国家的宏观调控?全面建成小康社会的经济目标是什么?如何理解科学发展观的含义?这些都是本单元要学习的内容。通过学习,我们将进一步明确:社会主义市场经济是同社会主义基本制度结合在一起的,既可以发挥市场经济的长处,又可以发挥社会主义制度的优越性;深入贯彻落实科学发展观,发展社会主义市场经济,是全面建成小康社会的重要任务,是实现中华民族伟大复兴的必由之路。

第一节 社会主义市场经济

商品价格是由哪些因素决定的呢?它为什么又经常会出现上下波动呢?这里面有规律可循吗?本节将对这些问题作出解答。

一、价值规律的基本内容和表现形式

1. 价格的影响因素

2008年1月我国南方遭受罕见的雪灾,特别是湖南郴州地区因为雪灾致使当地电力供应紧张,全城停电,一时间蜡烛身价倍增,有的地方蜡烛竟然售价为13元一支。

上海南京路上商家云集,特别是时装公司很多。每年三八妇女节前后,南京路上特别拥挤,许多本地和外地的妇女都喜欢在这一时段逛商场,原因是这个季节各种冬季商品打折最大,而新品也正好上市。在这个时候能买到价廉物美的冬季服装,也能买到款式新颖的春夏时装。

我国江淮地区到夏秋之交有美味的螃蟹,而且价格也不贵,但是在我国的内陆地区,螃蟹不仅价格是东部地区的几倍甚至几十倍,而且还没有东部产区的新鲜味美。

石油输出国组织一旦宣布减产原油,那么世界油价立刻会应声上涨。

这些都是生活中常见的一些现象,你能从这些现象中说出导致价格变动和差异的因素是什么吗?

在市场上,我们会发现不同商品有不同的价格,同一种商品的价格也经常变动。引起价格变动和差异的因素很多,如气候、时间、地域、生产、文化等,甚至宗教信仰、习俗文化因素也能对价格产生影响。各种因素对商品价格的影响是通过改变商品的供求关系来实现的。

当商品供不应求时,商品短缺,购买者争相购买,销售者趁机提价,买方不得不接受较高的价格以满足自身的需要,于是出现了"物以稀为贵"的现象。这就是所谓的卖方市场。

当供过于求时,商品过剩,销售者竞相出售,购买者持币待购,卖方不得不以较低的价格处理他们过剩的存货,于是出现"货多不值钱"的现象。这就是所谓的买方市场。

每到2月14日前后市场上普通的玫瑰花的价格会上涨数倍,而节日过后价格又会回落。这种价格的波动是受什么影响呢?

20世纪90年代,随着人们生活水平的提高,美国摩托罗拉公司生产的"大砖头"款模拟信号手机出现时,其长方形的厚重造型和长长的天线引得众人追捧。当时,一台"大哥大"电话机的售价为2万到3万元,入网费高达6 000多元,最初的通话费每分钟也高达1元。这样昂贵的价格,相对于当年一般民众的收入水平而言,简直是天文数字。拥有"大哥大"在当年的确是拥有财富的象征。加上当时国内手机制造业几乎为零,因此尽管价格不菲,可是当年这种手机还是供不应求。现在这种手机已无人问津,即使有也往往是在旧货摊上作为怀旧的收藏品出售了,价格也十分低廉。现在一般流行的手机价格也不高,而且制造商还经常会以促销的方式争取手机购买者。

供给变化对商品价格的涨跌有什么影响?

2. 价值决定价格

虽然价格的变动受到供求关系的影响,但价格最终是由价值决定的。价值是价格的基础,价格是价值的货币表现。商场里各种商品的价格高低不等,是因为它们所包含的价值量不同。我们以前学过商品的价值量,在其他条件不变的情况下,商品的价值量越大,价格越高;商品的价值量越小,价格越低。商品的价值是由生产这种商品的社会必要劳动时间决定的。但是即使是同一种商品在不同的时期也会有不同的价格,那么这种商品价格的变动是否有规律可循呢?

即使供不应求,一辆普通自行车的价格再涨也不会比一辆汽车的价钱高;即使供过于求,一台彩色电视机的价格再降也不会比一台收音机更便宜。那么,决定价格既不能无限上涨,也不能无限下跌的原因是什么?

3. 价值规律的内容和表现形式

价值规律的基本内容是：商品的价值量由生产该商品的社会必要劳动时间决定，商品交换以价值量为基础实行等价交换。

价值规律是商品经济的基本规律。只要存在商品生产和商品交换，价值规律就会发生作用。这是不依人的意志为转移的。

价值规律要求商品交换按等价原则进行，也就是要求商品价格和价值相符合。但在实际生活中，价格和价值往往不一致，有时价格高于价值，有时价格低于价值。造成这种情况的主要原因是商品供求关系的变化。当商品供不应求时，买者争相买进，就会发生买者同买者的竞争，价格高于价值；当某种商品供过于求时，卖者争相出售，就会发生卖者同卖者的竞争，价格低于价值。与此同时，价格的高低也会影响

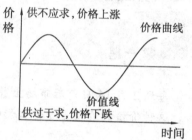

价值规律的表现形式

供求变化。当某种商品价格高于价值时，会吸引商品生产者扩大该种商品的生产；当某种商品价格低于价值的时候，会使商品生产者减少或停止该种商品的生产，从而改变供求关系。价格无论怎样变化，都不会离开价值太远。供求关系和价格的变动相互影响，导致价格以价值为轴心上下波动的曲线运动。在这个运动中，社会必要劳动时间决定商品价值量始终作为一种趋势、一个规律在起作用。

从单个交换过程来看，价格时涨时落，但从一段较长时间来看，商品的价格总的来说仍然与价值相符合。所以说，价格以价值为基础并受供求关系影响，围绕价值上下波动不仅不违背价值规律，而且正是价值规律的表现形式。

2012年辽宁海城市居民吃了一个夏天的贵西瓜

到市场上去买西瓜，人们纷纷议论，今年吃了一夏天的贵西瓜。往年三角五角一斤的西瓜，今年为什么身价陡增？深一追问，发现了一个值得思考的现象——往年的低价正是今年高价的"祸端"。往年，该市市场上的应季西瓜绝大部分来自市郊或海城的一些乡镇，海城商家台村一带就曾经是有名的西瓜产地，当地大部分农民都以种西瓜为业。本地西瓜不仅可以满足鞍山市场的需求，而且销往其他城市。但近两年来，随着西瓜种植面积不断扩大，本地西瓜市场出现了变化：随着市场竞争加剧，西瓜价格不断下跌，瓜农的利润开始变薄。卖西瓜的一语道破了玄机：种西瓜都没有种玉米赚钱，谁还种西瓜？一句话说出了价值规律的作用：在利润不断下降的情况下，瓜农的积极性受到了挫伤，继而转产。价值规律往往形成这样一个恶性循环：丰收了，市场价格回落，农民亏本；第二年种植面积少了，价格又猛涨，大家又回头来种，结果又亏本。

只要市场是开放的，价格波动就永远存在。西瓜市场向我们提出了一个不容回避的

问题：在农业产业结构调整过程中，如何正确应用价值规律，使农民在产业调整的过程中真正受益。

一些农业比较发达的国家在扶植农业方面，除了财政补贴与行政指导外，推进农业生产经营企业化是大多数国家的首选之策。通过组织行业协会以及合作化，大大增强了农民把握市场供求变化的能力，促使农民能够根据市场供求变化前瞻性地调整生产经营活动，从而降低农民所承担的市场风险，即使市场价格出现大幅度波动，农村经济合作组织也更容易通过采取有效方式进行自我调整，尽可能减少经济损失。

这样的例子在我们身边也不鲜见。海城东三道村的经合组织就是通过把分散的农户集中起来种植蔬菜，不仅使这个地区的农民迅速致富，而且成功地抵御了来自市场的价格风险，其生产的蔬菜不仅在国内畅销，而且出口到韩国、日本等国。相比之下，一些分散的菜农虽然种菜的经验不少，但很难在市场中成气候，往往在竞争中处于弱势。从这个意义上说，高价西瓜背后是一道需要破解的大题目。

4. 价值规律的作用

价值规律在商品经济中发挥着非常重要的作用，主要表现在对生产经营者的影响和对消费者的影响。

首先，价值规律调节了生产资料和劳动力在各部门的分配。在商品经济条件下，生产者从哪里得到关于社会需要他们生产什么、生产多少的信息呢？当市场上某种商品供过于求时，该商品的价格下降，生产者获利减少，这时生产者会压缩生产规模，减少产量。当商品供不应求时，该商品的价格上涨，生产者获利增加，这时生产者会扩大生产规模，增加产量。

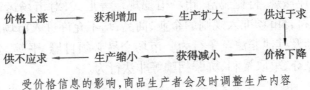

受价格信息的影响，商品生产者会及时调整生产内容

其次，刺激商品生产者改进技术，改善经营管理，提高劳动生产率。企业只有提高劳动生产率，才能缩短其生产商品的个别劳动时间，给自己的产品提供降价空间，使其在价格竞争乃至生存竞争中更具有优势。这就必然会刺激商品生产者努力改进生产技术，改善经营管理，提高劳动生产率，从而推动整个社会生产力的发展。

再次，促使商品生产者在竞争中优胜劣汰。在价值规律的作用下，那些劳动效率高、产品适销对路的商品生产者就会在激烈的市场竞争中获胜，不断扩大自己的市场份额；而相反，一些小企业可能在竞争中被淘汰。而这种淘汰最终也实现了资源的合理配置。

最后，价值规律对普通的消费者也有相当的作用。一般来说，价格上涨时消费者对并不急需的商品会暂缓购买。有时消费者会选择一些同类的价格相对低廉的替代品来满足消费的需要。所以，有些讲究实惠的消费者会选择在暮春买毛衣，在夏末买凉席，在春秋天购买空调，在商家打折期间购买商品，以获得实惠。

二、市场经济及其基本特征

1. 市场配置资源

人的需要是多种多样、永无止境的，但在一定时期和范围内，社会能够加以利用的资源总是有限的。如果用于生产某种产品的资源增加，用于生产其他产品的资源就会减少。为了尽量满足多方面的需要，社会必须合理配置有限的资源。

计划和市场是资源配置的两种基本手段。市场在资源配置中起基础性作用的经济就是市场经济。在市场经济中，生产什么、如何生产、为谁生产、生产多少主要是通过价格的涨落以及供求行情的变化，由市场来安排和调整的。哪种商品在市场上好卖，人们就扩大生产；哪种生产要素的价格昂贵、供应紧张，人们就减少这种要素的使用。市场中好像有一只"看不见的手"在引导着商品生产者、经营者，调节人、财、物在全社会的配置。

在瞬息万变的经济生活中，市场能够通过价格涨落比较及时、准确、灵活地反映供求关系变化，传递供求信息，实现资源配置。面对市场竞争，商品生产者、经营者在利益杠杆的作用下，积极调整生产经营活动，从而推动科学技术和经营管理的进步，促进劳动生产率的提高和资源的有效利用。

2. 市场秩序

市场经济由"看不见的手"在引导，其实市场经济是竞争的经济，市场竞争和体育竞赛非常相似，同体育竞赛一样，离不开竞赛规则，否则就会秩序大乱。

俗话说"没有规矩不成方圆"，只有具备公平、公正的市场秩序，市场才能合理配置资源。良好的市场秩序以市场规则来维护，就像体育竞赛离不开竞赛规则一样。

市场规则以法律法规、行业规范、市场道德规范等形式，对市场运行的方方面面作出具体的规定。凡不符合市场准入规则的企业、商品，均不允许进入市场。禁止各种形式的地方保护、非法垄断及其他非法竞争行为。市场交易必须自愿、平等、公平、诚实守信，禁止强买强卖、巧取豪夺、牟取暴利、坑蒙拐骗等非法行为。

在市场竞争中，谁是运动员？谁是裁判员？如果有人既当裁判员又当运动员，会导致什么后果？如果没有"游戏规则"，对市场经济的运行会带来哪些影响？在生活中你有没有发现不遵守"游戏规则"的现象存在？

市场规则主要包括市场准入规则、市场竞争规则和市场交易规则。市场准入规则规定哪些企业、商品可以进入市场；市场竞争规则维护市场的公平竞争；市场交易规则主要对交易方式和行为作出规定。

总体说来市场经济的特征主要包括以下四点：平等性、竞争性、法治性、开放性。

国外有些组织针对我国的产品提出了非常苛刻的检测标准,这违反了市场经济的什么特征?

国家发改委《制止价格垄断行为暂行规定》所称价格垄断行为,是指经营者通过相互串通或者滥用市场支配地位,操纵市场调节价,扰乱正常的生产经营秩序,损害其他经营者或者消费者合法权益,或者危害社会公共利益的行为。《规定》要求经营者之间不得通过协议、决议或者协调等串通方式实行下列价格垄断行为:(1)统一确定、维持或变更价格;(2)通过限制产量或者供应量操纵价格;(3)在招投标或者拍卖活动中操纵价格;(4)其他操纵价格的行为。

经营者不得凭借市场支配地位,在向经销商提供商品时强制限定其转售价格。不得凭借市场支配地位,违反法律、法规的规定牟取暴利。不得凭借市场支配地位,以排挤、损害竞争对手为目的,以低于成本的价格倾销;或者采取回扣、补贴、赠送等手段变相降价,使商品实际售价低于商品自身成本。不得凭借市场支配地位,在提供相同商品或者服务时,对条件相同的交易对象在交易价格上实行差别待遇。

《规定》同时指出,政府鼓励、支持、保护一切组织和个人对价格垄断行为进行社会监督。政府价格主管部门可以对价格垄断行为的举报人给予奖励,并应当为举报人保密。

2007年7月,康师傅、统一、今麦郎、日清等十多家知名企业全部参与统一调价,这意味着,市场上相当大份额的方便面价格已是在统一的"价格联盟"内商定的。因为行业协会帮助企业串通定价,这类行为被称为"卡特尔",也就是价格垄断,是不符合市场经济的特征的。

2011年1月5日香港《明报》报道说,内地的奶粉出现三聚氰氨事件,加上人民币升值的关系,大批内地人到香港来抢购奶粉,尤其去年12月,深圳放宽400万非广东户籍居民到香港自由行,香港就出现了"奶粉荒"。

在国内,短短几年间,洋奶粉均价已经从200元迈上了300元大关。洋奶粉在中国内地的售价成为名副其实的全球最高。然而,这丝毫未影响国内消费者的消费激情,尤其是原装进口的高端洋奶粉已经成为国内不少妈妈的首选。

洋奶粉卖价之所以能在中国步步登高，勇夺全球最高称号，绝非偶然。洋奶粉涨价主要发生在2008年三聚氰胺事件之后，其实，作为国内大部分消费者，既不愿意被洋品牌所"绑架"，更不情愿花大价钱购买洋奶粉。可是，咱自家的乳企实在不给力，三聚氰胺至今阴魂不散，仍时不时冒出来危害孩子们。我们爱国产奶粉，可国产奶粉却不爱我们，这实在让国人情何以堪。

2009年2月12日，石家庄市中级人民法院发出民事裁定书，正式宣布石家庄市三鹿集团股份有限公司破产。赫赫有名的三鹿集团，正式以破产而告终。三鹿曾经是国家知名的奶制品企业，在国内奶制品行业是领军人物，不仅为全国人民提供了丰富的奶制品，也为地方经济做出了巨大贡献，其功劳是不可磨灭的。但是不幸的是，就是这家知名的企业，却带头卷入到三聚氰胺事件中，导致全国大量儿童身患结石，个别患儿因此死亡，这种后果是触目惊心的，这种危害是不可原谅的。这不仅伤害了三鹿集团本身，更伤害了人民群众对三鹿的信任，三鹿集团的破产是咎由自取。

三鹿集团的破产用事实说明在市场经济条件下任何一个市场主体都要遵循市场经济的原则，诚实守信是现代市场经济必不可少的条件。

诚实守信是现代市场经济正常运行必不可少的条件。诚信缺失会导致市场秩序混乱，坑蒙拐骗盛行，进而导致投资不足、交易萎缩、经济衰退。形成以道德为支撑、法律为保障的社会信用制度，是规范市场秩序的治本之策。为此，要切实加强社会信用建设，大力建立健全社会信用体系，尤其要加快建立信用监督和失信惩戒制度。

总之，市场经济的健康发展，需要法律、道德的规范和引导。每个经济活动的参与者都必须学法、懂法、守法、用法，既保证自己的经济活动符合法律的规范，又能够运用法律维护自己的权益。每个经济活动参与者都应该树立诚信观念，遵守市场道德，逐步在全社会形成诚信为本、操守为重的良好风尚。

3．市场调节的局限性

市场调节不是万能的。 市场难以完全解决国防、治安、消防等公共物品的供给问题。枪支、弹药、爆炸物等物品的生产和流通也不能让市场来调节。因为如果听任经营者自由经营这些产品，会严重危害公民的身心健康，败坏社会风气，影响社会安定。

市场调节存在自发性、盲目性、滞后性等固有的弊端。

市场调节的自发性： 由于市场调节是在价值规律自发作用下进行的，在利益驱动下会产生一些违反市场原则的行为，如制造、销售假冒伪劣商品，大量排放废水、废气破坏环境，窃取他人智力成果，等等。

市场调节的盲目性： 由于人们不可能完全掌握生产各方面信息及其变化趋势，导致决策带有一定的盲目性。如某种商品有利可图则一哄而上，反之则一哄而退，从而造成资源浪费和消费得不到充分满足。

市场调节的盲目性和自发性是一组容易混淆的概念，我们可以从以下几点来区别二者的不同。

（1）含义不同：市场的盲目性是指市场主体由于不可能掌握社会各方面的信息，无法控制经济变化的趋势而导致的；市场的自发性是指市场主体由于在价值规律支配下，自发追求自身的利益而导致的。

（2）表现的形式不同：市场的自发性是通过市场主体的不正当经济行为来表现的；市场的盲目性是通过市场主体经营决策的失误来表现的。

（3）导致的后果不同：市场的自发性导致的消极后果是市场主体的不正当经济行为以及各阶层收入差距的过分扩大；市场的盲目性导致的消极后果是市场主体经营决策的失误造成经济波动和资源的浪费。即是说市场的自发性引发的是市场秩序问题和收入差距问题，市场的盲目性引发的是资源的合理配置问题。

（4）解决的手段不同：市场的自发性主要运用法律手段和行政手段来解决；市场的盲目性主要运用法律手段和经济手段来解决。联系：二者都是市场存在的弱点和缺陷，都会对经济发展产生不利影响，都需要加强国家宏观调控来解决。

有一段时间，苹果的价格很高，不少地方的农民砍掉其他果树，改种苹果。可是，没过几年苹果大量积压，价格直线下降，甜苹果变成了农民的"伤心果"。（1）甜苹果变成"伤心果"，反映出市场调节具有哪些缺陷？（2）枪支、弹药以及麻醉品能通过市场来调节吗？为什么？

在市场经济中，在价值规律的自发调节下，为了自身的眼前利益，有的工厂大量排放废气、废水，甚至制假售假；有的人为了自身的不正当利益，剽窃他人的智力成果，对他人辛辛苦苦开发出来的软件进行盗版。

各国市场经济特色比较

在人类经济发展的进程中，由于各个国家的政治、经济、文化等背景的差异，其社会制度也不同。但是，综观世界各国经济，可以发现它们有许多共性，其中，市场经济就是迄今为止世界大多数国家所采用的经济机制，不同的是，市场经济在不同的制度背景下的国家却显现出不同的特征。

（1）"野生植物"——美国自由市场经济模式。

私人资本主义、私人企业，一直被看作美国市场经济的一个象征。美国的私人资本主义几乎涉及美国所有的经济和非经济的领域。在产值占国民收入3%的农业部门、30%左右的制造业部门与60%左右的服务业部门，活跃着约一千万家私营企业，这些企业构成了美国经济的基本版图。

政府对经济干预的力度很小也是美国市场经济的主要特征。格雷戈里和斯图尔特说:"美国的经验可能表明,政府职能的缩小,是与现代的工业化资本主义相适应的。"分析美国政府在经济活动中的作用是认识美国市场制度的一个重要的环节。

美国的市场经济制度又是一种垄断程度很高的市场制度,垄断与市场竞争并存是这个经济制度的特点。在这种市场经济制度下,美国经济的发展有成功的一面,尽管现在美国经济出现了衰退,但是,世界仍公认美国是当今时代经济最为强盛的国家。20世纪以来,美国的国民生产总值始终名列世界第一,人均国民收入即便不经常处于第一,也总在世界排名榜的前列。但是,美国的经济体制也并非典型的市场经济。自爱默生以来的实用主义与自由主义的思想传统给人以美国崇尚经济自由化的印象,加之美国历届政府比较积极的反垄断的做法,使得比较经济学家们习惯地将美国当作市场经济制度的一个典范。严格地说,由于迄今人们对市场制度的认识还谈不上完整,人们对美国经济制度模式的认识也不可能是真正深刻的。但深入研究美国经济还是会给人以一种强烈的感觉,就是以"私人资本主义"为价值取向的美国制度模式未必可以持之以恒。

(2)"人工培育的植物'——德国社会市场经济模式。

社会市场经济从50年代以来被德国经济学家和政治家当作社会保障网与自由竞争相辅相成的经济制度。按照艾哈德的说法,这是一条"中间道路",他具体讲道:我在事实上不过实践了发展西方各国的现代经济学原理,把无限制的自由与残酷无情的政府管制二者之间长期存在着的矛盾加以解决,从而在绝对自由与极权之间寻求一条健全的中间道路。

社会市场经济理论在联邦德国得到了实现,并使德国经济获得了稳定与发展。兰珀·吕鲁普曾对德国实行社会市场经济的历史背景作过描述:① 两次世界大战之间的德国,正像其他西方工业化国家一样,开始出现不协调的国家干预主义。② 随后德国还出现了国家社会主义的极权经济,其最终于1936年以普遍冻结物价的方式大规模废除了市场经济。③ 战后,这种体制很快为一种经济官僚(或许可这样称谓之)——弊脚行政当局所替代。因此,战后的德国新政府面临的第一个问题是究竟采取一种什么形式的经济体制才有利于经济的恢复,并就此进行了广泛的讨论。新自由主义学派认为社会经济应当是一个市场和市场机制充分发挥作用的经济体制,国家的干预是必不可少的,但必须加以限制,提出应把建立在市场竞争基础上的自由进取的创造精神同社会效果结合起来考虑,建立受社会控制和调节的市场制度。这一观点被当时的经济部长路德维希·艾哈德所接受和支持,并成为政府制定经济政策的主要依据。战后,联邦德国几乎变成了一片废墟,经济处于瘫痪的状态,由于社会市场经济的实行,德国的经济很快就开始复苏,20世纪50年代就起飞了,60—70年代取得了令人瞩目的成就。国民生产总值由1950年的233亿美元,增长到1980年的8 223亿美元,30年中平均年递增率约5%,居西欧之首。当然,德国经济奇迹的原因很多,但社会市场经济制度作为一个极其重要的因素是不可否认的。兰珀·吕鲁普曾对此作过分析,他说:实行社会市场经济的结果即人们所说的'德国社会经济奇迹'。但是,德国的"社会市场经济也存在很多问题,如体制中出现某种僵化的特征和不允许竞争存在等,很不利于经济的发展。

(3)"政府主导型"——日本市场经济模式。

日本的市场经济模式与欧美发达国家相比:政府干预的力度和作用的范围都很大,并且与法国的经济模式有许多相似之处,即都是靠中央计划和市场机制共同协调经济。因此,一些研究日本经济的西方学者将日本的经济归结为"政府主导型"的市场经济模式。

二次世界大战结束后,日本作为一个战败国无论在精神上还是经济上都濒临崩溃,当时同盟国驻日本的总司令部的成员 E.阿克曼曾预言:如果日本今后 30 年的人口继续增加到 1 亿以上,那么,它只可能有以下两种结局之一:或者无限地依赖外援,生活水平将和 1930—1934 年时相等;或者走"自立"之路,但会面临无法克服的政治经济和社会的困难,国民生活将逐渐接近于仅能维持的水平。然而,情况恰恰相反,日本经过 30 年的努力之后,经济却取得了奇迹般的飞跃。1949—1973 年期间,日本经济年平均增长率高达 9.3%,高于美、英、原西德和法国经济的年平均增长率。1986 年以后,西方经济陷入了滞胀,日本经济的年平均增长率有所下降,但仍高达 3.8%,并仍高于上述国家。日本在战后能够跻身于世界强国之林,与日本所采用的经济模式直接相关。保罗·R.格雷戈里认为,日本政府在经济发展过程中起到了重要的多方面的作用,即日本政府为经济增长和发展趋势提供了方向。国家有选择地进行干预,在保证不仅有高的投资效率,而且大投资适当地分配到能导致增长的部门方面,已成为一个重要的促进因素。当然,日本经济也出现了衰落,如何重振也涉及市场经济模式的调整与改革问题。

(4)"从摇篮到墓地"——福利市场经济模式。

福利市场经济模式是以福利为国家制度特征的市场经济国家采用的模式,主要存在于欧洲一些社会民主党或社会党执政的国家,如挪威、瑞典等,尤以瑞典模式最为典型。它是指以改良的社会民主主义理论为指导,以充分就业和社会平等为目标,在工人运动的推动下由社会民主党与工会共同奉行的一种市场经济发展模式。瑞典的市场经济是在基本实现了"从摇篮到墓地"的全面社会福利制度中实行的。这一模式使得整个社会的生活质量都获得了极大的提高。据统计,瑞典的人均国民生产总值居世界前列。在 20 世纪 60 年代时,在实行经济计划的英国、瑞典、挪威、荷兰、法国、日本六个国家里,日本的人均国民生产总值的年增长速度是最高的,但是到 1970 年时,它却只有瑞典人均产量的 52%。1971 年瑞典人均收入 5 100 美元,比西欧国家的人均收入高 3 600 美元。1974 年瑞典的人均国民生产总值为 6 720 美元,为美国人均国民生产总值的 101%,1987 年瑞典的人均收入高达 14 200 美元,在发达国家中名列前茅。

"瑞典市场经济模式"也经历了一个由兴起到鼎盛最终衰落的过程。埃里克·伦德伯格在《瑞典经济模式的兴起和衰落》中描述:"从 20 世纪 70 年代中期以后,瑞典的工业成长大大落后于它在 50 年代和 60 年代的成长情况。在 1975 年到 1980 年间,瑞典的工业成长比经济合作与发展组织各国的平均成长慢 20%。……1974—1975 年衰退以后的周期性经济复苏间,瑞典经济严重地落后于几乎所有的经济合作与发展组织国家。人们发现瑞典实际落后了 3 年。"许多西方经济学家对于瑞典经济的停滞状况从不同的视角作出了不同的分析,但是,不论他们的理论根据是什么,有一点是较一致的,即瑞典市场经济模式的"过度福利"是这一模式衰落的根本原因。

(5)"市场社会主义"——中国社会主义市场经济模式。

市场社会主义作为一个术语,曾被用来指称某些经济学家(如兰格)为探讨社会主义制度下市场问题而提出的理论模式或形容原东欧等地区的社会主义国家(如南斯拉夫和匈牙利,甚至包括中国)所进行的以市场化为导向的经济体制改革。但是,有些经济学家认为社会主义不能实现与市场的有效结合。中国经历了14年的探索,建立了社会主义市场经济体制,把社会主义制度的优越性和市场经济的优势结合起来。表现为市场经济在所有制结构上,建立和完善了公有制主体的多种所有制并存结构。国家鼓励个体、私营和其他非公有制成分发展,把它们作为市场经济的重要组成部分和初级社会主义社会基本经济制度的有机组成部分,但公有资产在社会总资产和经营性资产中要占大多数或优势,并体现对整个国民经济发展的主导作用上。在分配结构上,建立和完善了劳动分配为主体的多要素分配并存结构。这种分配结构既强调资本、土地、技术、信息等生产要素凭借所有权参与分配,又强调市场型按劳分配的机制和原则,同时政府又通过工资、奖金、税收、公共福利、社会保障等手段和机制,防止分配不公,调节个人收入的过分悬殊,以促进效率与公平的统一。在经济运行机制上,建立和完善了国家主导型的市场经济运行机制。在充分发挥市场在资源配置中基础作用的同时,加强国家宏观调控,建立强市场和强政府的"双强"格局,使国家的经济职能充分有效地行使。同时正确处理好中央与地方,政府和企业、目前利益与长远利益之间的关系,形成充满生机和活力的运行机制。在对外开放上,建立和完善自力主导型的对外开放形态。中国积极扩大和深化对外开放,已形成了多层次、多领域、多方位的对外开放格局。但是,在积极利用外国资金、技术、管理经验的同时,又强调独立自主和自力更生的原则,从而使中国的对外开放保持了独立的形态。

生产经营者不可能完全掌握市场各方面的信息,也无法控制经济变化的趋势,因而其决策会带有一定的盲目性。当某种商品的生产有利可图时,他们往往一哄而上;反之则一哄而下。

市场调节是一种事后调节,从价格形成、价格信号传递到商品生产的调整有一定的时间差。

因此,如果仅由市场调节,会导致资源配置效率低下、资源浪费;社会经济不稳定,发生经济波动的混乱;收入分配不公平,收入差距拉大,甚至导致严重的两极分化。

4. 社会主义市场经济的特征

社会主义市场经济是同社会主义基本制度结合在一起的,市场在国家宏观调控下对资源配置起基础性作用。社会主义市场经济既具有市场经济的共性,又具有自己鲜明的特征;既可以发挥市场经济的长处,又可以发挥社会主义制度的优越性。

坚持公有制的主体地位。资本主义市场经济建立在资本主义生产资料私有制的基础上,而我国的市场经济与社会主义基本制度结合在一起。坚持公有制的主体地位是社会主义市场经济的基本标志。

以共同富裕为根本目标。资本主义市场经济由于以生产资料私有制为基础,人们在生产过程中由于所处的地位不同,必然导致收入分配的两极分化。在社会主义初级阶段,国家鼓励一部分地区和一部分人通过诚实劳动、合法经营先富起来,逐步消灭贫穷,最终实现共同富裕。

能够实行科学的宏观调控。科学的宏观调控是发挥社会主义市场经济体制优势的内在要求。社会主义市场经济能够把社会主义基本经济制度的优势同市场经济的长处结合起来，把人民的当前利益和长远利益、局部利益和整体利益结合起来，更好地发挥计划和市场两种手段的长处，更加充分地发挥社会主义制度的优越性，发挥国家集中人力、物力、财力办大事的优势，使国家对经济的宏观调控做得更好、更有成效。

《中共中央关于全面深化改革若干重大问题的决定》指出："经济体制改革是全面深化改革的重点，核心问题是处理好政府和市场的关系，使市场在资源配置中起决定性作用和更好发挥政府作用。"

5. 宏观调控的重要性

社会主义市场经济的正常发展，既需要充分发挥市场调节的作用，又需要加强国家宏观调控。加强宏观调控，不只是为了弥补市场调节的不足，更是由我国的社会主义性质决定的。社会主义公有制及共同富裕的目标要求国家必须发挥宏观调控的职能。

宏观调控，是指国家综合运用各种手段对国民经济进行的调节和控制。我国的宏观调控的主要目标是促进经济增长、增加就业、稳定物价、保持国际收支平衡。国家运用经济手段、法律手段和必要的行政手段，实现宏观调控的目标。

经济手段，是国家运用经济政策和计划，通过对经济利益的调整来影响和调节经济活动的措施。财政政策和货币政策是国家在宏观调控中最常用的经济手段。国家还可以制定和实施经济计划，对经济活动参与者进行引导，以实现国民经济的持续快速健康发展。

法律手段，是国家通过制定和运用经济法规来调节经济活动的手段。

一方面，国家通过经济立法，规范经济活动参与者的行为，调整社会经济关系；另一方面，国家通过经济司法活动，保证各项经济政策的执行、经济合同的履行，打击各种经济违法犯罪行为。

行政手段，是国家通过行政机构，采取强制性的行政命令、指示、规定等措施，来调节和管理经济的手段。

国家宏观调控，应该以经济手段和法律手段为主，辅之以必要的行政手段，充分发挥宏观调控手段的总体功能。

党的十九大报告提出"着力构建市场机制有效，微观主体有活力，宏观调控有度的经济体制"的目标，并且明确指出：创新和完善宏观调控，发挥国家发展规划的战略导向作用，健全财政、货币、产业、区域等经济政策协调机制。

第二节　全面建成小康社会

一、我国现阶段的所有制结构

我国现阶段的所有制结构是以公有制为主体、多种所有制经济共同发展。

1. 公有制为主体

因为，社会主义公有制是社会主义经济制度的基础，是社会主义经济制度的根本标志；社会主义公有制是保证消灭剥削、消除两极分化、实现共同富裕的根本经济条件；只有坚持公有制的主体地位，才能真正巩固和发展社会主义经济制度，保证国民经济沿着社会主义方向发展，才能有利于发展生产力，促进经济快速高效发展。

在我国社会主义初级阶段，公有制经济包括国有经济、集体经济以及混合所有制经济中的国有成分和集体成分。

国有经济，指由社会全体劳动者共同占有生产资料（以国家所有的形式存在）的公有制形式。它同较高的生产力水平相适应。就像大厦的顶梁柱一样，国有经济是我国国民经济的支柱，它掌握着国家的经济命脉，在国民经济中起主导作用。发展、壮大国有经济，对于发挥社会主义制度的优越性，增强我国的经济实力、国防实力和民族凝聚力，提高我国的国际地位，具有关键作用。

集体经济，是由部分劳动者共同占有生产资料的一种公有制经济。它是我国农村的主要经济形式，并广泛存在于城乡的工业和服务业中。它包括各种形式的合作社、集体工业企业和商业企业、股份合作制企业等多种形式，是社会主义公有制经济的重要组成部分。

集体经济可以体现共同富裕的原则，可以广泛吸收社会资金，缓解就业压力，增加公共积累和国家税收。国家支持、鼓励和帮助集体经济的发展。发展集体经济，对发挥公有制的主体作用具有重大意义，对实现共同富裕具有重要作用。

表　2017 中国企业 500 强前 20 名企业

企业名称	营业收入（万元）	利润（万元）	资产（万元）	从业人数
国家电网公司	209 397 168	6 358 560	340 412 600	980 058
中国石油化工集团公司	196 921 982	835 693	215 939 145	713 288
中国石油天然气集团公司	187 190 290	1 240 662	406 975 924	1 512 048
中国工商银行股份有限公司	101 526 600	27 824 900	2 413 726 500	461 749
中国建筑股份有限公司	95 976 549	2 987 010	139 195 328	263 915
中国建设银行股份有限公司	84 805 200	23 146 000	2 096 370 500	362 482
中国农业银行股份有限公司	77 909 800	18 394 100	1 824 847 000	501 368
中国平安保险（集团）股份有限公司	77 448 800	6 239 400	557 690 300	1 400 000

续表

企业名称	营业收入(万元)	利润(万元)	资产(万元)	从业人数
上海汽车集团股份有限公司	75 641 617	3 200 861	59 062 814	94 121
中国银行股份有限公司	75 540 200	16 457 800	1 814 888 900	308 900
中国移动通信集团公司	71 161 106	6 387 079	171 267 353	463 712
中国人寿保险(集团)公司	69 634 318	107 934	335 679 202	161 530
中国铁路工程总公司	64 426 089	613 887	75 654 813	293 940
中国铁道建筑总公司	63 029 681	792 132	76 422 213	336 872
国家开发银行股份有限公司	58 875 467	10 904 632	1 434 049 981	10 020
东风汽车公司	57 261 266	940 048	41 371 605	189 795
华为投资控股有限公司	52 157 400	3 706 600	44 363 400	180 000
华润(集团)有限公司	50 340 782	1 714 106	110 004 377	420 572
太平洋建设集团有限公司	49 578 589	2 104 667	33 494 068	362 128
中国南方电网有限责任公司	47 328 148	1 547 784	68 929 796	300 144

2017中国企业500强的营业收入总额首次突破60万亿元,达64万亿元,274家国有及国有控股企业上榜,占比54.8%;营业收入占比71.83%;资产占比86.19%;净利润占比71.76%;纳税占比85.87%。

想一想

国有经济在国民经济中起什么作用?

混合所有制经济,是不同所有制经济按照一定原则实行联合生产或经营的经济形式。混合所有制经济中的国有成分、集体成分,都是公有制经济的重要组成部分。随着社会主义市场经济的发展、投资主体的多元化,混合所有制经济在我国将进一步发展。

发展公有制经济,必须努力寻找能够极大促进生产力发展的公有制实现形式。股份制、股份合作制等都可以作为公有制经济的实现形式。股份制企业,如果国家和集体控股,则具有明显的公有性。股份制成为公有制的重要实现形式,可以增强公有制经济的活力,提高企业和资本运作的效率,扩大公有资本的支配范围,增强公有制的主体作用。

公有制的主体地位主要体现在两个方面。第一,公有资产在社会总资产中占优势。这是针对全国而言,有的地方、有的产业可以有所差别。第二,国有经济控制国民经济命脉,对经济发展起主导作用。国有经济的主导作用主要体现在控制力上,即体现在控制国民经济发展方向、控制经济运行的整体态势、控制重要稀缺资源的能力上。在关系国民经济命脉的重要行业和关键领域中,国有经济必须占支配地位。

2. 多种所有制经济共同发展

在我国现阶段，除公有制经济外，还存在大量的个体经济、私营经济和外资经济等非公有制经济。

个体经济，由劳动者个人或家庭占有生产资料，从事个体劳动和经营。个体经济以劳动者自己的劳动为基础，劳动成果直接归劳动者所有和支配。个体经济以手工劳动为主，具有规模小、投资少、设备简单、经营灵活等特点。现阶段，个体经济在利用分散的资源、发展商品生产、促进商品流通、扩大社会服务、方便人民生活、增加就业等方面，发挥着不可替代的作用。

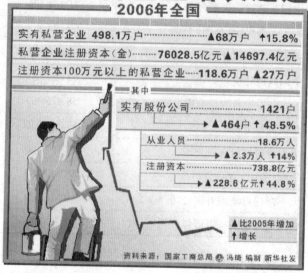

私营经济，以生产资料私有和雇佣劳动为基础，以取得利润为目的。私营经济的存在和发展，可以集中和利用一部分私人资金，为发展生产和满足人民生活需要服务；可以吸收劳动者就业，增加劳动者个人收入和国家税收。与个体经济相比，私营经济规模较大，设备较先进，劳动生产率比较高，对提高国家的综合经济实力有积极作用。

外资经济，是指外国投资者和港澳台地区投资者根据我国法律、法规在我国大陆设立的独资企业以及中外合资企业、中外合作经营企业中的外商投资部分。发展外资经济，有利于引进境外的资金和先进技术，学习境外的先进管理经验；有利于扩大就业，扩大出口，增加财政收入。

个体、私营、外资等各种非公有制经济，是促进我国生产力发展的重要力量，不仅成为扩大就业的主渠道，而且成为活跃市场，增加税收，方便人民生活的生力军。

（1）你的家乡有哪些著名企业？它们都是什么性质的企业？
（2）你的父母在什么性质的单位工作？
（3）我国主要有哪些经济成分？它们各处于什么地位，发挥着什么作用？

公有制为主体、多种所有制经济共同发展的基本经济制度，适合社会主义初级阶段生产力发展不平衡、多层次的状况，符合社会主义的本质要求。实践证明，它有利于促进生产力的发展、有利于增强综合国力、有利于提高人民生活水平，必须坚持和完善这一基本经济制度。

二、小康社会的经济建设

"小康"一词最早出自《诗·大雅·民劳》："民亦劳止,汔可小康",原意是指生活比较安定的意思。

现代意义的小康,是指在温饱的基础上,生活质量进一步提高,达到丰衣足食。

1. 从总体小康到全面小康

改革开放以后,邓小平提出我国现代化建设分"三步走"的发展战略,带领人民奔小康。这是激励全国人民为建设自己的幸福生活、开辟美好未来而奋斗的伟大行动纲领。

到20世纪末,我国胜利实现了现代化建设"三步走"战略的第一、第二步目标,人民生活总体上达到小康水平,人民的衣、食、住、行、用实现了由贫困到温饱、再由温饱到小康的历史性跨越。这是社会主义制度的伟大胜利,是中华民族发展史上的一个里程碑,是人类历史上的一个奇迹。

国家统计局对2000—2006年小康社会进程的监测结果:2006年,我国全面建设小康社会的实现程度达到69.05%,比上年提高3.28个百分点。从2000年至2006年全面建设小康社会的进程来看,平均每年增加2.0个百分点,按此趋势,到2020年完全可以实现全面建设小康社会的奋斗目标。

到2020年,实现全面小康的难易程度有所不同。人均国内生产总值、居民人均可支配收入、恩格尔系数、民用载客汽车拥有量、高中阶段毕业生性别比、公民自身民主权利满意度、家用电脑拥有量、平均预期寿命等指标在正常情况下可以实现。而要实现基本社会保障覆盖率、单位GDP能耗等指标,尚有一定差距。

(1) 以上材料说明了什么问题?
(2) 结合自己的所见所闻,说说经济生活中还有哪些不尽如人意的地方。

这还是低水平的、不全面的、发展很不平衡的小康。全面建成小康社会还需要艰苦奋斗。

我们党提出,到建党一百年时建成经济更加发展、民主更加健全、科教更加进步、文化更加繁荣、社会更加和谐、人民生活更加殷实的小康社会,然后再奋斗三十年,到新中国成立一百年时,基本实现现代化,把我国建成社会主义现代化国家。

从二〇二〇年到本世纪中叶可以分两个阶段来安排。

第一个阶段,从二〇二〇年到二〇三五年,在全面建成小康社会的基础上,再奋斗十五年,基本实现社会主义现代化。到那时,我国经济实力、科技实力将大幅跃升,跻身创新型国家前列;人民平等参与、平等发展权利得到充分保障,法治国家、法治政府、法治社会基本建成,各方面制度更加完善,国家治理体系和治理能力现代化基本实现;社会文明程度达到新的高度,国家文化软实力显著增强,中华文化影响更加广泛深入;人民生活更为宽裕,中等收入群体比例明显提高,城乡区域发展差距和居民生活水平差距显著缩小,基本公共服务均等化基本实现,全体人民共同富裕迈出坚实步伐;现代社会治理格局基本形成,社会充满活力又和谐有序;生态环境根本好转,美丽中国目标基本实现。

第二个阶段,从二〇三五年到本世纪中叶,在基本实现现代化的基础上,再奋斗十五年,把我国建成富强民主文明和谐美丽的社会主义现代化强国。到那时,我国物质文明、政治文明、精神文明、社会文明、生态文明将全面提升,实现国家治理体系和治理能力现代化,成为综合国力和国际影响力领先的国家,全体人民共同富裕基本实现,我国人民将享有更加幸福安康的生活,中华民族将以更加昂扬的姿态屹立于世界民族之林。

从全面建成小康社会到基本实现现代化,再到全面建成社会主义现代化强国,是新时代中国特色社会主义发展的战略安排。我们要坚忍不拔、锲而不舍,奋力谱写社会主义现代化新征程的壮丽篇章!

读一读

总体小康和全面小康的区别

第一,范围不一样。上个世纪根据我国的国情,总体小康重点在解决温饱,提高物质文明水平,而全面小康决不是单纯的物质文明,还应包括精神文明和政治文明。

第二,标准不一样。如国内生产总值到 2020 年比 2000 年翻两番,那么按此目标,人均 GDP 就要超过 3 000 美元,符合世界银行各国收入水平四类划分标准中的中上等国家水平。

可以肯定的是,在对全面建设进程进行检测和量化时,不仅要提高人民生活水平的统计临界值,而且要全面反映精神文明和政治文明的发展进程。

全面建设小康社会的基本标准:

一是人均国内生产总值超过 3 000 美元。这是建成全面小康社会的根本标志。

二是城镇居民人均可支配收入 1.8 万元。

三是农村居民家庭人均纯收入 8 000 元。

四是恩格尔系数低于 40%。

五是城镇人均住房建筑面积 30 平方米。

六是城镇化率达到 50%。

七是居民家庭计算机普及率 20%。

八是大学入学率 20%。

九是每千人医生数 2.8 人。

十是城镇居民最低生活保障率 95% 以上。

2. 全面建成小康社会的新要求

经济保持中高速增长,在提高发展平衡性、包容性、可持续性的基础上,到二〇二〇年国内生产总值和城乡居民人均收入比二〇一〇年翻一番,产业迈向中高端水平,消费对经济增长贡献明显加大,户籍人口城镇化率加快提高。

农业现代化取得明显进展,人民生活水平和质量普遍提高,我国现行标准下农村贫困人口实现脱贫,贫困县全部摘帽,解决区域性整体贫困。

国民素质和社会文明程度显著提高。

生态环境质量总体改善。

各方面制度更加成熟更加定型,国家治理体系和治理能力现代化取得重大进展。

三、推动经济持续健康发展

1. 贯彻落实科学发展观

单纯追求经济的增长速度、GDP 的增加,甚至把 GDP 作为衡量建设成就大小的唯一指标,而忽视社会的全面进步,是片面的。片面追求经济快速增长,往往会带来一系列社会问题,甚至出现"没有发展的增长";导致资源短缺、环境污染、生态破坏。

GDP 是国内生产总值(Gross Domestic Product)的简称,是一个国家一年之内由企业和政府生产并提供的全部商品和服务的总和。可以说,迄今为止人类还没有找到可完全替代 GDP 的更好的经济指标。但 GDP 的确也存在着"幻象"的一面。比如,它忽略掉了环境的代价。如算上环境损失的后果,中国过去 20 余年 GDP 年均增长可能要减少 2 至 3 个百分点。它也忽略掉了交通堵塞的代价。如统计交通恶化的因素,北京人福利的增长会远远低于收入增长。GDP 也没有考虑原来的家务劳动社会化和商品化后变成了社会劳动,然而人们的福利非但没有提高,一些"双职工"家庭反而出现更忙更累、福利状况下降的情形。

此外,由于 GDP 不能直接等同于一个国家的财富,有时候就会导致悖谬的现象。典型的例子就是,1998 年大洪水给百姓福利和社会财富带来巨大损失,但被摧毁的房屋和公路并不会使 GDP 下降,因为它根本就不计入当年的 GDP;相反,由于重建需大量投入,当年 GDP 反而上升。这便是经济学上所谓的"破窗效应"!奇怪的是,有人不了解财富与 GDP 的差别,竟对洪水大唱赞歌;另一些人不懂得"破窗效应",便怪罪经济学家。

GDP 更大的麻烦在于,作为一个总量指标,它常常掩盖其他社会指标状况。例如,它不能告诉我们一国的总收入是如何分配的。事实上,GDP 的分配可能是两极分化的,在这种情况下普通民众的福利状况不但无法得到同步改善甚至会下降。它也不能告诉我们一个社会的结构有无本质的进步。

在这一背景下,"绿色 GDP"的概念被提了出来。

绿色 GDP,即现行 GDP 总量扣除环境资源成本和对环境资源的保护服务费用所剩下的部分,即 GDP 总量 -(环境资源成本 + 环境资源保护服务费用)= 绿色 GDP。绿色

GDP核算只涉及自然意义上的可持续发展,包括环境损害成本、自然资源的净消耗量。这只是狭义的绿色GDP,应该把与社会意义上的可持续发展有关的指标纳入GDP核算体系。

科学发展观的第一要义是发展。必须坚持把发展作为党执政兴国的第一要务,着力把握发展规律、创新发展理念、转变发展方式、破解发展难题,提高发展质量和效益,实现又好又快发展,为发展中国特色社会主义打下坚实基础。

科学发展观的核心是以人为本。要始终把实现好、维护好、发展好最广大人民的根本利益作为党和国家一切工作的出发点和落脚点,做到发展为了人民、发展依靠人民、发展成果由人民共享。

科学发展观的基本要求是全面协调可持续。要全面落实经济建设、政治建设、文化建设、社会建设、生态文明建设五位一体总体布局,促进现代化建设各方面相协调,促进生产关系与生产力、上层建筑与经济基础相协调。不断开拓生产发展、生活富裕、生态良好的文明发展道路。

科学发展观的根本方法是统筹兼顾。要统筹城乡发展、区域发展、经济社会发展、人与自然和谐发展、国内发展和对外开放,统筹中央和地方关系,统筹个人利益和集体利益、局部利益和整体利益、当前利益和长远利益,统筹国内国际两个大局中,树立世界眼光,加强战略思维,营造良好国际环境。

破解发展难题,厚植发展优势,必须牢固树立并切实贯彻创新、协调、绿色、开放、共享的发展理念。创新发展注重的是解决发展动力问题,协调发展注重的是解决发展不平衡问题,绿色发展注重的是解决人与自然和谐问题,开放发展注重的是解决发展内外联动问题,共享发展注重的是解决社会公平正义问题。

2. 贯彻新发展理念,推动经济持续健康发展

发展是解决我国一切问题的基础和关键,发展必须是科学发展,必须坚定不移贯彻创新、协调、绿色、开放、共享的发展理念。必须坚定不移把发展作为党执政兴国的第一要务,推动经济持续健康发展。

我国经济已由高速增长阶段转向高质量发展阶段,正处在转变发展方式、优化经济结构、转换增长动力的攻关期,建设现代化经济体系是跨越关口的迫切要求和我国发展的战略目标。必须坚持质量第一、效益优先,以供给侧结构性改革为主线,推动经济发展质量变革、效率变革、动力变革,提高全要素生产率,着力加快建设实体经济、科技创新、现代金融、人力资源协同发展的产业体系,着力构建市场机制有效、微观主体有活力、宏观调控有度的经济体制,不断增强我国经济创新力和竞争力。

深化供给侧结构性改革。建设现代化经济体系,必须把发展经济的着力点放在实体经济上,把提高供给体系质量作为主攻方向,显著增强我国经济质量优势。

加快建设创新型国家。创新是引领发展的第一动力,是建设现代化经济体系的战略支撑。要瞄准世界科技前沿,强化基础研究,实现前瞻性基础研究、引领性原创成果重大突破。

芬兰独特的创新体系

芬兰是当今世界上公认的创新型国家之一。早在20世纪90年代,芬兰就已建立了适合本国经济发展的创新机制,并在实践中不断加以调整和完善,现已形成从教育和研发投入、企业技术创新、创新风险投资,到提高企业出口创新能力的一整套较为完善的自主创新体系。

长期以来,芬兰政府重视教育,不断加大对教育领域的投入,为企业的技术创新创造良好的条件与环境。芬兰政府每年在教育方面的支出仅次于社会福利开支,在国家预算中占第二位。此外,芬兰教育界注重对学生创新意识与能力的培养,为国家和企业培养出大批高素质的专业人才,成为芬兰创新体系的坚强基石。

为了保持科技领先地位,芬兰政府还不断加大对研发的投入。目前,芬兰在研发方面的投入在其国内生产总值中所占的比例已达到3.5%,超过日本和美国,在全球名列第三。在芬兰每年的研发投入中,政府投入保持在30%左右,企业占70%。政府还将重大科技发展项目纳入国家计划,与企业共同投资,成果归企业享用。

隶属芬兰贸工部的国家技术开发中心是企业和研究机构进行重大科研和产品研制项目的资助者和促进者。该中心在芬兰各地设有14个经济开发中心,每年的服务对象有近3 000家公司企业、近50所高等院校、800多个研究机构。芬兰政府通过该中心对芬兰的技术开发进行投入。该中心通过提供研发资金和专家服务的方式,鼓励和加快新产品的研制工作,帮助企业将有开发价值的设想变成研发成果,并迅速将研发成果商品化。

在芬兰科技创新体系中,企业是核心。企业既是科技开发的重要参与者,又是科技成果的直接受益者。与其他西方国家不同的是,芬兰政府根据自己的国情,采取了直接支持企业进行研究开发的政策。目前,芬兰国家技术开发中心资助的重点是中小企业,同时支持芬兰大型企业开展具有挑战性的研发项目。

企业、高等院校和研究机构,产学研三位一体是芬兰技术创新机制的突出特点。这种强调产学研结合的资助机制有效地使用有限的资金,并且促进了国家创新体系各要素之间的密切联系。据统计,在芬兰,与高等院校、研究机构有合作项目的企业约占50%,大大高于欧洲其他国家。

创新,必有风险。成功的创新体系离不开风险投资。芬兰政府在风险基金领域也扮演着重要的角色。芬兰国家研究与开发基金主要以种子基金和启动基金的形式向处于启动阶段并具有创新能力的高技术公司和中小企业投资,并利用所扶持项目获得的回报进一步扩大风险投资。

由于芬兰国内市场狭小,芬兰企业的市场创新能力与企业的技术创新能力具有同等重要的意义。芬兰贸促会在促进芬兰企业出口创新方面起着重要作用。芬兰贸促会是芬兰政府和公司企业共同参股,以商业服务形式向企业提供服务的机构。芬兰贸促会在世界34个国家和地区设有51个出口中心,一直密切跟踪所在地区和国家的市场变化,提供有关市场信息,寻找合作伙伴和新的市场。

中国经济的迅速增长使芬兰许多公司企业对中国的兴趣不断增加。为了帮助芬兰企业,特别是中小企业进入中国市场,芬兰在中国上海浦东新区张江高科技园区内建立了芬中创新中心。芬中创新中心是芬兰贸工部、芬兰贸促会和芬兰国家科技开发中心共同建立的现代创新中心,其任务是为芬兰企业进入中国市场提供咨询和服务,帮助他们同中国的有关部门及工商界建立联系和合作网络。

实施乡村振兴战略。农业农村农民问题是关系国计民生的根本性问题,必须始终把解决好"三农"问题作为全党工作重中之重。要坚持农业农村优先发展,巩固和完善农村基本经营制度,保持土地承包关系稳定并长久不变,第二轮土地承包到期后再延长三十年。确保国家粮食安全,把中国人的饭碗牢牢端在自己手中。加强农村基层基础工作,培养造就一支懂农业、爱农村、爱农民的"三农"工作队伍。

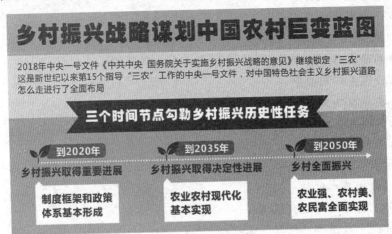

实施区域协调发展战略。加大力度支持革命老区、民族地区、边疆地区、贫困地区加快发展,强化举措推进西部大开发形成新格局,深化改革加快东北等老工业基地振兴,发挥优势推动中部地区崛起,创新引领率先实现东部地区优化发展,建立更加有效的区域协调发展新机制。

读一读

西部大开发17年投资6.85万亿元 2017年新开工17项工程

2017年12月18日,国家发展和改革委员会在京举行新闻发布会。发改委新闻发言人介绍,为深入实施西部大开发新开工战略,促进区域协调发展,推进"一带一路"建设,推进西部大开发形成新格局,2017年国家新开工西部大开发工程17项,投资规模为4 941亿元,重点投向西部地区铁路、公路、大型水利枢纽、能源和生态环保等重要领域。

17项新开工重点工程分别是:

1. 宁夏中卫至甘肃兰州铁路;
2. 贵州都匀至安顺公路;
3. 甘肃平凉至天水公路;
4. G341线胶南至海晏公路加定(青甘界)至海晏(西海)段;
5. 黔渝高速公路扩能项目;
6. 陕西合阳至铜川公路;
7. 西部支线机场建设;
8. 广西钦州港东航道扩建10万吨级双向航道一期工程;
9. 云南滇中引水工程;
10. 内蒙古引绰济辽工程;
11. 四川白鹤滩水电站;
12. 西部农村电网改造升级工程;
13. 西藏藏中与昌都电网联网工程;
14. 渝鄂背靠背工程;
15. 西藏川藏铁路拉萨至林芝段供电工程;
16. 南疆天然气利民工程;
17. 西部地区重点流域水资源综合治理项目。

根据2000年发布的《国务院关于实施西部大开发若干政策措施的通知》,当前和今后一段时期,实施西部大开发的重点任务是:加快基础设施建设;加强生态环境保护和建设;巩固农业基础地位,调整工业结构,发展特色旅游业;发展科技教育和文化卫生事业。力争用5到10年时间,使西部地区基础设施和生态环境建设取得突破性进展,西部开发有一个良好的开局。到21世纪中叶,要将西部地区建成一个经济繁荣、社会进步、生活安定、民族团结、山川秀美的新西部。

西部开发的政策适用范围,包括重庆市、四川省、贵州省、云南省、西藏自治区、陕西省、甘肃省、宁夏回族自治区、青海省、新疆维吾尔自治区和内蒙古自治区、广西壮族自治区。

据发改委新闻发言人介绍,2000—2017年,西部大开发累计新开工重点工程317项,投资总额达 68 456 亿元。这些项目不仅改善了西部基础设施条件,也带动了西部地区特色优势产业的发展,为长远发展打下了坚实基础。

练习与思考

1. [材料一] 房地产业已成为国民经济的支柱产业,与解决居民住房问题关系密切,既是经济问题,又是社会问题。解决房地产投资规模过大、房价上涨过快问题,仍然是当前我国加强宏观调控的重要任务。

[材料二] 为了促进房地产业健康发展,国务院采取针对性措施,主要内容有:切实调整住房供应结构;进一步发挥税收、信贷、土地政策的调节作用;合理控制城市房屋拆迁规模和进度,减缓被动性住房需求过快增长;进一步整顿和规范房地产市场秩序;加快城镇廉租住房制度建设,规范发展经济适用住房,积极发展住房二级市场和租赁市场,有步骤地解决低收入家庭的住房困难;完善房地产统计和信息披露制度,增强房地产市场信息透明度,全面、及时、准确地发布市场供求信息,坚持正确的舆论导向。

(1) 简要指出房地产业发展对我国经济发展的影响。
(2) 试分析政府出台相关政策措施的经济学依据。

2. 党的十一届三中全会以前,在农村,几乎所有的生产资料都是集体的,在城镇,除了部分集体企业以外,其他企业都是国营的。由于不允许个体餐馆存在,出门吃饭,只能在国营饭店或集体饭店。

结合材料回答:
(1) 上述材料反映了什么社会现实?
(2) 这一社会现实与我国当时的生产力发展状况相适应吗?

3. [材料一] 目前有些地方,当某种商品和资源紧张时,就筑关设卡,全力干预,禁止这些商品、资源外流;当本地商品销售疲软时,则不准外地质优价廉的商品流入。有人认为,这样做也是市场竞争,有利于地方经济的发展。

[材料二] 《国务院关于整顿和规范市场秩序的决定》指出,禁止任何单位或个人违反法律、行政法规,以任何形式阻挠、干预外地产品或工程建设类等服务进入本地市场,不得限制公平竞争。

(1) 运用所学的经济学常识知识,对材料一表现出的现象进行评析。
(2) 说明国家为什么要做出整顿和规范市场秩序的决定。

4. [材料一] 目前,我国有13亿人口,8亿在农村。自20世纪80年代中期以来,我国城乡居民收入差距呈拉大趋势。在农村地区,还有数千万人的温饱问题没有解决。

[材料二] 党的十一届三中全会后,我国各地的经济增长速度明显加快,但地区之间的环境条件千差万别,存在自然、历史、区位、经济等多方面的较大差异,西部地区与东部地区的经济发展水平、人均收入差距逐年拉开。

[材料三] 目前,我国钢铁、电力、化工等8个高耗能行业的能耗,比世界先进水平高40%。我国一批主力矿山资源日渐枯竭,三分之二的国有骨干矿山进入中老年期,四百多座矿山因资源枯竭濒临关闭。我国二氧化硫排放量居世界首位,城市河段90%左右

被污染,近三分之一的国土面积存在水土流失问题。

根据所学知识回答下列问题:
(1) 上述材料分别说明了什么问题?
(2) 简析完善社会主义市场经济体制对解决上述问题有何影响。

第五章　放眼经济全球化

进入21世纪,经济全球化已成为不可阻挡的时代潮流。经济全球化是世界经济和科学技术发展的必然产物。经济全球化的迅速推进,使得各国经济社会发展不仅取决于国内的具体环境和条件,而且日益明显地受到国际大环境的影响和制约,积极参与经济全球化已成为一个国家提升综合国力和国际地位的重要条件。经过30多年的对外开放,中国日益成为世界经济的重要组成部分,并为全世界的稳定和发展作出了重要贡献。中国的发展离不开世界,经济全球化也不能没有中国。

但是经济全球化又是一把双刃剑,我们在顺应经济全球化潮流中构建平等协商、共同参与、普遍受益的区域合作框架,推动经济全球化朝普惠共赢的方向发展。

第一节　经济全球化趋势

中国青岛海尔走出国门,在美国南卡罗来纳州建立冰箱生产基地,美国200升以下冰箱市场中,海尔占30%以上的份额,位居第一位。目前,海尔已拥有几十个海外制造基地和海外贸易公司,2004年,海尔就已实现出口创汇突破10亿美元,海外生产海外销售突破10亿美元。

在全球各地起降的波音飞机当中,如今已有几千架用上了"中国制造"的部件,中国还将以每月生产17架波音新一代737飞机尾翼的姿态,成为波音全球价值链当中的一环。

一、经济全球化趋势

当今世界是开放的世界,任何一个国家,即使是经济非常发达的国家也不可能拥有本国发展所必需的全部资源,也不可能在所有方面都占有优势,不可能生产本国需要的一切产品,不可能只限于消费本国生产的产品。随着国际分工和国际协作的扩大,世界经济全球化趋势已成为当今时代世界经济发展的一个显著特点。

经济全球化是指商品、劳务、技术、资金在全球范围内流动和配置,使各国经济日益相互依赖、相互联系的趋势。全球化是世界经济发展的必然趋势,任何一个国家都不可能孤立地谋求发展,而是你中有我、我中有你,相互协作、共同发展。世界经济全球化趋势主要表现在生产全球化、贸易全球化、投资全球化及科技开发和应用的全球化。

第一,生产全球化。生产全球化是经济全球化的核心,随着国际分工和专业化协作的发展,各国各地区生产上相互依赖程度日益提高,很多产品,特别是一些高科技产品,它的零部件来自世界各地,可以说是"国际综合产品"。

第二,贸易全球化。世界市场的形成使各国市场逐渐融为一体,并极大地促进了全球贸易的发展。国际贸易的范围不断扩展,世界市场容量越来越大,各国对世界市场的依赖程度也日益增大。

第三,投资全球化。国际投资中资本流动规模持续扩大。资本流向从单向发展为双向,过去只有发达国家输出资本,现在发展中国家也对外输出资本,包括向发达国家输出。

第四,科技开发和应用的全球化。新科技革命带动起来的新产业技术群涉及范围广,科技开发投入多、风险大,仅靠个别国家完全独揽新技术已不可能,要想最大限度地分享新技术革命的成果,必须走科技开发与应用的国际化道路。

国际人类基因组计划

始于1990年的国际人类基因组计划,被誉为生命科学的"登月"计划,它是一项国际合作的重大科技工程。2003年4月14日,由美、英、日、法、德和中国科学家经过13年努力共同绘制完成了人类基因组序列图,中国是参与这一计划的唯一发展中国家。它标志人类在揭示生命奥秘、认识自我的漫漫长路上又迈出了重要的一步。"全球合作、免费共享"的人类基因组计划精神已成为自然科学史上国际合作的楷模。世界各国也因此受益无限。

经济全球化是一把"双刃剑",它在给发展中国家实现跨越式发展提供机遇的同时,也带来了严峻的挑战。

有人说经济全球化对发展中国家是福音,也有人说是祸水,你怎么看?

经济全球化是世界生产力发展的产物,同时又对世界经济的发展起到了巨大推动作用。它可以在世界范围内实现资源的合理配置,使新的科技成果在全世界更快传播,让世界各国人民都有可能共享生产发展的成果。

经济全球化把世界各国的经济紧密联系在一起,使一国的经济波动不可避免地殃及他国,加剧了全球经济的不稳定;由于发达国家左右着国际经济的"游戏规则",经济全球化给发达国家和发展中国家带来的是不均等、不公正的竞争机会,这加剧了贫富分化,也使发展中国家经济安全受到挑战。

议一议

当今,世界贸易中出现了一种新的动向,一些发达国家通过制定高于发展中国家的环境质量标准来推行新的贸易保护主义,即所谓"绿色壁垒"。

绿色壁垒,指在国际贸易中一些国家以保护生态资源、生物多样性、环境和人类健康为借口,设置一系列苛刻的、高于国际公认或绝大多数国家不能接受的环保法规和标准,对外国商品进口采取准入限制或禁止措施。近年来,由于绿色壁垒引起的国际贸易争端层出不穷。中国加入WTO后,在对外贸易活动中,不可避免地遭遇"绿色壁垒"。

"绿色壁垒"反映了什么经济现象?我国应当如何应对绿色壁垒?

当今,经济全球化出现波折,保护主义、内顾倾向抬头,多边贸易体制受到冲击,"逆全球化"的思潮上升。在世界经济复苏乏力、地缘政治冲突加剧的背景下,"全球化"和"逆全球化"两股力量的博弈,给世界经济带来了不确定性。党的十九大报告指出,各国相互联系和依存日益加深,"没有哪个国家能够独自应对人类面临的各种挑战,也没有哪个国家能够退回到自我封闭的孤岛"。"中国开放的大门不会关闭,只会越开越大。"中国将推动经济全球化朝着更加开放、包容、普惠、平衡、共赢的方向发展。

二、跨国公司的发展

读一读

全球闻名的"耐克"球鞋年产9 000万双,每年推出一百多种新产品和新款式,但是,美国"耐克"公司的职工只负责设计、选厂、监制和销售,而生产却由分散在世界各地的40多家工厂来完成。

索尼、西门子、柯达、耐克、阿迪达斯等大量外国品牌,最初主要向中国市场出口商品,近年来纷纷选择在中国建立生产基地。

跨国公司是一种国际性的企业,它以一国的总公司为基地,通过直接投资,在国外设立子公司和分支机构,从事跨国生产、销售和其他经营活动。

当今,跨国公司作为经济全球化的主要载体和承担者,对世界经济全球化的进程产生了巨大影响。全世界4万多个大跨国公司进行全球化的生产和全球化的经营,使得各个国家之间在生产和经营方面都紧密联系在一起。

第二次世界大战后跨国公司迅速发展,它们在国际生产、国际贸易、国际金融、国际投资等领域占有越来越多的份额,成为国际经济中举足轻重的力量。

国际货币基金组织(IMF)发布的《2007年度世界经济展望》分析了美国经济调整对世界经济的影响,主要观点"美国打个喷嚏,世界其他国家就会伤风感冒"的说法依然适用。以产出下跌幅度来衡量,与美国有大量贸易金融往来的国家受影响最大,尤其是拉美和一些工业国。美国经济年增长率每下降1%,拉美增长率将下跌0.2%,墨西哥和加拿大的增长率将下跌至少0.4%。

据统计,中国大陆共有39万家外资企业安营扎寨。世界500强中的400多家已经进入中国,从中国出口到国际上的产品58%以上都是由在华外资企业出口,是中国企业、在华外资企业共同打造了中国制造。从这个意义上来说,中国制造就是全球制造。

上述材料反映了什么经济现象?你能列举多个国家共同制造的产品吗?

三、世界贸易组织

世界贸易组织(WTO)是世界最大的多边贸易组织,它的前身是关贸总协定,成立于1995年1月1日。该组织的基本原则和宗旨是通过实施市场开放、非歧视和公平贸易等原则,来达到推动实现世界贸易自由化的目标。

世界贸易组织的主要目标是为各成员之间的贸易提供充分的竞争机会,并为此规定了两条基本原则,即最惠国待遇原则和国民待遇原则。最惠国待遇保证各成员享有平等的竞争机会,而国民待遇则保证出口国的产品和进口国的产品享有平等竞争的机会。

非歧视原则

非歧视贸易是世贸组织各项规则的基石,是各成员间平等进行贸易的重要保证。非歧视贸易主要通过最惠国待遇原则和国民待遇原则加以体现。

最惠国待遇原则:缔约国一方过去、现在和将来给予任何第三国(即最惠国)的一切优待,应当立即自动地、无条件地同样给予缔约国的另一方。

国民待遇原则:缔约国双方相互承担义务,保证一方公民、企业、产品和船舶在另一方的领土上享有与本国公民、企业、产品和船舶同等的待遇。

我国于2001年12月正式加入世界贸易组织(WTO)。世界贸易组织是各国与国际经济体系联系与合作的重要桥梁,是参与经济全球化的重要渠道,加入世界贸易组织后,我国能够在多边、稳定、无条件最惠国待遇原则下发展开放型经济,逐步消除一些成员对我国的歧视性贸易限制,并在参与制定国际经济贸易规则的过程中,推动建立公正合理的国际经济新秩序。

我国加入世界贸易组织,有利于扩大对外开放,为我国经济发展赢得更好的国际环境,同时承担开放市场的义务,因而,机遇和挑战并存。

我国加入世界贸易组织能够享受普遍的最惠国待遇,使我国当前有比较优势的产品在公平竞争的条件下可大显身手;加入世界贸易组织,全面按国际规则办事,实施国民待遇,我国市场将进一步增强对外国投资者的吸引力;加入世界贸易组织,我国可以直接参与多边经贸规则的制定,这符合我国的切身利益,能提高我国的国际地位;加入世界贸易组织,我国经济将更深入地参与国际竞争,同国际经济接轨,从而提高我国的经济素质。

但是,中国加入世贸组织以后,由于大幅度降低关税水平以及取消非关税壁垒,使世界贸易组织成员更容易进入我国市场,发达国家的优势产品大量涌入,从而使我国国内市场竞争加剧,对我国民族工业形成极大的挑战。面对国际市场的压力与竞争,国内企业应当变压力为动力,不断改进技术,改善管理,提高劳动生产率和国际化水平,在竞争中成长壮大。

总之,中国的发展离不开世界,世界的繁荣需要中国。不仅中国,而且全世界都将因中国加入世贸组织而从中受益。随着对外开放的扩大,我国经济发展的空间将进一步拓展,世界各国将会在我国扩大开放中获得新的发展机遇。

第二节 我国的对外经济关系

当今世界是开放的世界,任何国家都不可能画地为牢、自我孤立。一个国家能否走在时代的前列,能否立于世界强国之林,重要的一点,就看其能否实行有效的开放,开放程度的不同决定着社会发展程度的不同。充分利用国际条件,开拓国际市场,引进先进技术,这对世界各国来说,都是一个必须顺应的历史潮流。

美国之所以成为当今世界上最发达的国家,一个极为重要的因素,是它一直实行对外开放政策。美国为了发展对外贸易和经济技术交流,先后在本国设置了70多个自由贸易区,允许世界各国在那里开展自由贸易。

二次大战后日本和德国很快医治好了战争创伤,一跃成为世界上的经济大国,这也在于他们不是闭关自守,而是接受国际援助,吸收了大量的国外资金和先进技术,充分运用国际资源和市场。

一、开放的中国

1. 我国对外开放的客观必然性

邓小平同志指出,"现在的世界是开放的世界,中国在西方国家产业革命以后变得落后了,一个重要原因就是闭关自守","关起门来搞建设是不行的,发展不起来"。党的十一届三中全会明确提出对外开放的方针,党的十二届三中全会正式把对外开放确立为我国的基本国策。我国实行对外开放的必要性表现在：

第一，我国只有实行对外开放，才能利用国外资源和国际市场。我国现代化建设需要多方面的资源，只靠本国资源是远远不能满足的。通过对外开放，可以利用国际国内两种资源，开拓国际国内两个市场，推进我国现代化建设。

第二，我国只有实行对外开放，才能引进先进技术和外资。当今世界，科学技术对经济增长的作用越来越重要，发达国家科学技术对经济增长的贡献率一般已占80%。从我国的实际情况看，科学技术水平与世界先进水平存在较大的差距，只有积极引进先进技术，同时进行技术创新，才能赶超世界先进水平。同时，我国底子薄，各项建设资金严重短缺，只有通过开放，积极吸引外资，才能加快我国现代化的进程。

第三，我国只有实行对外开放，才能更好地借鉴国外的先进管理经验。我国与发达国家的差距也表现在管理方面，我们缺乏在市场经济条件下组织管理现代化大生产的经验，通过开放，可以学习借鉴世界先进的管理方法和经营方式。

此外，实行对外开放，还可以引进优秀人才，扩大对外贸易，开拓国际市场。

2. 我国的对外开放格局

（1）经济特区。

中国政府在1978年决定进行经济体制改革的同时，便开始有计划、有步骤地实行对外开放政策。从1980年起，中国先后在广东省的深圳、珠海、汕头，福建省的厦门和海南省分别建立了五个经济特区。

我国的经济特区

经济特区是中国对外开放的前沿，是中国利用外资、引进先进技术，走向国际市场的一个特殊渠道。特区的"特"主要体现在中国政府对其实行特殊的经济政策和不同于内地的经济管理体制。经济特区是中国对外开放全面展开的"突破口"，发挥了对外开放的窗口和改革开放的试验场的作用。

我国经济特区在地理、人文条件方面具有展开对外经济活动的优势。一是靠近国际市场。深圳和珠海与香港、澳门毗邻。汕头和厦门也与香港、澳门临近。厦门还面对着台湾。二是历史上这些地方与海外有密切交往。第三，深圳是中国南方对外交通的重要陆路通道，汕头和厦门是中国南方的重要海运港口。

（2）沿海开放城市。

1984年，我国进一步开放了大连、秦皇岛、天津、烟台、青岛、上海、南通、连云港、宁波、温州、福州、广州、湛江、北海共14个沿海港口城市。

（3）沿海经济开放区。

1985年后，又陆续将长江三角洲、珠江三角洲、闽南三角地区、山东半岛、辽东半岛、河北、广西辟为经济开放区，从而形成了沿海经济开放带。

(4) 浦东的开发开放。

1990年中国政府决定开发和开放上海浦东新区，并进一步开放一批长江沿岸城市，形成了以浦东为龙头的长江开放带。建立浦东新区，发挥浦东开发开放的龙头示范作用，进一步开放长江沿岸城市，尽快把上海建成国际经济、金融、贸易中心之一，并带动长江三角洲和整个长江流域地区经济的新飞跃。这是20世纪90年代乃至21世纪中国经济建设战略的重要组成部分。

开放的浦东

中国政府给予浦东新区比经济特区更加特殊的优惠政策，除实行中国经济技术开发区和某些经济特区所实行的有关减免关税、所得税和进出口许可证等优惠政策外，国家还特许外商在浦东开办金融机构和百货商店、超级市场等第三产业，并允许上海设立证券交易所，发行股票，以及扩大投资审批权和实行外资银行经营人民币业务。

在大规模、高强度、快速度的开发建设中，浦东创下了许多"全国第一"："中华第一楼"金茂大厦、"中国第一塔"东方明珠电视塔、中国第一条磁悬浮铁路、中国第一座现代化的垃圾发电厂、全国第一个保税区——外高桥保税区、全国唯一以"金融贸易"命名和定位的开发区——陆家嘴金融贸易区——上海自贸区。

(5) 开放内陆。

1992年以来，政府又决定对外开放一批边疆城市和进一步开放内陆所有的省会、自治区首府城市；还在一些大中城市建立了15个保税区、49个国家级经济技术开发区和53个高新技术产业开发区。

我国目前已初步形成了经济特区——沿海开放城市——沿海经济开放区——内地的全方位、多层次、宽领域的具有中国特色的对外开放格局。这些对外开放地区，由于实行不同的优惠政策，在发展外向型经济、出口创汇、引进先进技术等方面起到了窗口和对内地的辐射作用。

二、全面提高对外开放水平

"开放"，是党的十九大报告中的高频词。从国内发展的维度看，改革开放近40年来，特别是党的十八大以来，我国顺应与世界深度融合、命运与共的大趋势，进一步丰富了对外开放内涵、提升对外开放水平，为发展注入新动力、增添新活力、拓展新空间。

你知道什么是贸易顺差和贸易逆差吗？

读一读

2017年5月,一封来自伊朗Trans Post Pars公司总经理阿克巴·塞尔德的感谢信送至中国西电集团公司。阿克巴·塞尔德在信中说道:"西电项目经理吴昊桐和张玮先生为满足我们的时间要求,连续24小时工作,用专业的态度和能力解决了安装调试过程中的各种问题。我们对贵公司拥有这样的员工表示钦佩,对他们优质的服务理念和敬业的工作态度表示感谢。"

2013年10月,"一带一路"倡议刚刚提出,西电集团就成功签约马来西亚沙捞越500千伏输变电工程成套项目,合同金额1.35亿美元,这是集团在海外承担的电压等级最高的成套项目。

中国2000年开始实施"走出去"战略,标志着对外经济发展战略从"引进来"为主,转变为"引进来"和"走出去"并重。党的十六大报告明确提出,要"坚持'引进来'和'走出去'相结合,全面提高对外开放水平"。目前,我国全方位、宽领域的"走出去"格局逐渐形成。对外投资、承包工程、劳务合作等对外经济合作业务遍及世界近200个国家和地区,基本形成"亚洲为主,发展非洲,拓展欧美、拉美和南太"的多元化市场格局。

读一读

"一带一路"(The Belt and Road,缩写B&R)是"丝绸之路经济带"和"21世纪海上丝绸之路"的简称,2013年9月和10月由中国国家主席习近平分别提出建设"新丝绸之路经济带"和"21世纪海上丝绸之路"的倡议。"一带一路"旨在借用古代丝绸之路的历史符号,高举和平发展的旗帜,积极发展与沿线国家的经济合作伙伴关系。它将充分依靠中国与有关国家既有的双多边机制,借助既有的、行之有效的区域合作平台,与沿线国家共同打造政治互信、经济融合、文化包容的利益共同体、命运共同体和责任共同体。

党的十九大报告已经明确将"一带一路"定位为中国推进新一轮改革开放的重大平台,以"一带一路"建设为重点,形成陆海内外联动、东西双向互济的开放格局。《2017年中国企业全球化报告》显示,中国海外投资正在从能源领域为主转向高端制造、品牌、技术类投资。过去"引进来"和"走出去"较多的是资金、货物、服务,新一轮对外开放将更多关注人才、技术、创新能力的交流。中国经验、中国倡议、中国标准正在被越来越多的国家认可。

"丝绸之路经济带"和"21世纪海上丝绸之路"海陆两翼的全方位开放,为企业"走出去"带来了新机遇。海尔已在全球建立了29个制造基地,8个综合研发中心,19个海外贸易公司,员工总数超过6万人;阿里巴巴是全球最大的零售交易平台;万兴科技在温哥华、日本、香港设立品牌及区域市场分公司,用户遍布全球200多个国家和地区,Filmora、PDFelement、Dr. Fone……这些在海外市场声名大噪的应用软件就出自万兴科技之手;中国五矿集团公司联合MMG、国新国际投资有限公司和中信金属有限公司组成的联合体,以

58.5亿美元收购嘉能可秘鲁邦巴斯项目。此收购成为中国金属矿业史上迄今实施的最大境外收购……

一带一路,通天下利天下,从中巴经济走廊、孟中印缅经济走廊到中俄蒙经济走廊,一个个区域合作新倡议应运而生。从俄罗斯欧亚经济联盟建设、欧盟"容克计划"到英国"英格兰北部经济中心",都在积极探索与中国"一带一路"的对接。中老铁路、中泰铁路、印尼雅万高铁……"一带一路"合作共赢的理念,在东南亚地区生根发芽。2016年1月,习近平的中东三国行,从推进"一带一路"谅解备忘录到五大领域交往合作,打开了中国梦与中东梦相融合的"筑梦空间"。"一带一路"像一条神奇的纽带,让中国与世界各国的交往变得绚丽多彩;"一带一路",是一条可以"发酵"的道路,促成了国家之间的勾连,让这条路拥有了广阔的发展前景。

全球化在促进经济、文化、社会发展的同时,也对国家的经济安全带来了挑战和机遇。我国在积极参与全球化的过程中,应该明确自己的位置,既能主动抓住全球化这一机遇,也能够看到其对我国经济安全带来的挑战,做到趋利避害。正如邓小平同志所说:"独立自主、自力更生无论过去、现在和将来,都是我们的立足点。"

独立自主,是指自己拥有处理本国事务(包括经济事务)的权利,不受任何外来的干预;自力更生,是指主要依靠本国人民的智慧和力量,充分利用本国资源发展本国经济。坚持独立自主、自力更生的原则,就是指我国在社会主义现代化建设过程中,必须从本国的实际出发,主要依靠本国的人力、物力和财力,充分发挥自身的潜力和优势来发展自己。只有坚持独立自主、自力更生,才能在发展对外经济关系中维护国家利益,保护国家的经济安全。

独立自主、自力更生和对外开放是统一的,二者是相互联系、相互促进的。独立自主、自力更生是我们的立足点,是发展对外开放的基础;而发展对外开放是增强自力更生能力的重要途径。社会主义国家只有在自力更生的基础上,坚持发展对外经济关系,广泛吸收和借鉴世界各国的文明成果,弥补我国社会主义现代化建设资金和技术的不足,社会主义现代化建设才能搞得更快更好。所以,对外开放与独立自主、自力更生是并行不悖的。

百年张裕

作为"最具国际竞争力,向世界名牌进军的16家民族品牌之一",烟台张裕葡萄酿酒股份有限公司日前与法国历史最悠久的白兰地厂商法拉宾合作,法拉宾将为张裕白兰地提供全面的技术支持,而张裕则将以旗下先锋国际酒业为依托,成为法拉宾公司所有白兰地产品在中国大陆的独家代理和经销商。

只有民族的才是世界的！在张裕的国际化进程中，正是融会了110多年的中西文化智慧，才令张裕最终实现捍卫百年民族品牌的宏伟蓝图。

独立自主、自力更生不是闭关自守、盲目排外，对外开放也不是放弃自我、崇洋媚外。在经济建设中，只有把二者有机结合起来，做到以我为主，博采众长，融合提炼，才能使我国社会主义市场经济持续、快速、健康发展。

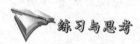 练习与思考

在一次盛大宴会上，来自中国、法国、俄国、德国、意大利、美国的贵宾聚集一堂，各国来宾纷纷夸耀自己国家的文化。他们拿出本国的国粹——酒来彼此相敬，中国人拿出古色古香的茅台，瓶盖一开，沁人心脾，举座皆惊，俄国人拿出伏特加，法国人拿出大香槟，意大利人拿出葡萄酒，德国人拿出威士忌，只有美国人两手空空。只见他不慌不忙地走上前来，把各国的名酒兑在一起，举杯相敬，说："这就是我们美国的酒——鸡尾酒。"

这个故事给我们的启示是什么？

第六章 完备的国家制度

每一个个体的人,生活在这世界上,都隶属于一定的国家或地区。我们个人的前途和命运与国家的前途和命运紧密相连。正因如此,我们"身在校园,心怀天下"。而当前我们正在中国共产党领导下,昂首阔步地朝着富强、民主、文明的社会主义国家全力迈进。作为祖国建设的新生力量,我们要提升自己各方面的素质和能力,增强公民意识,树立民主和法治国家观念。那么,什么是国家?我国国家制度安排是怎样的?国家权力的公共性和公益性以及人民民主体现在哪里?作为公民,我们怎样有序参与国家政治生活?这些都是本章所要探究的问题。通过学习,我们会了解有关国家和国体、国家职能与国家政权组织形式的基础知识,认识我国的人民民主专政和人民代表大会制度,明确当前健全民主制度、丰富民主形式、扩大公民的有序政治参与、保证公民的政治权利和自由、尊重和保障人权是发展社会主义民主政治的重要内容,也是我们参与政治生活的现代追求。

第一节 我国的国体

一、我国的人民民主专政

当今世界上,有近200个国家,每个国家都有自己的地理位置,都是由该国的人口、领土、政权和主权这些要素构成的,这就是我们通常所称的国度。其中,主权是国家存在的最重要因素。那么,什么是国家呢?

1. 国家和国体

国家是一个历史范畴,它既不是从来就有的,也不是永恒存在的。国家是社会发展到一定历史阶段才出现的,是社会阶级矛盾不可调和的产物和表现。

人类历史迄今已有约三百万年之久,而国家产生以来的历史只有约五千年。由于社会生产力的发展产生了私有制,使社会分化为剥削阶级和被剥削阶级。剥削阶级的残酷剥削和压迫,激起了被剥削阶级的反抗,为了镇压这种反抗,剥削阶级建立了军队、警察、监狱、法院等暴力机关,从而产生了国家。

可见,国家是阶级统治的工具。统治阶级运用自己手中所掌握的国家机器,对被统治阶级实行统治,以建立有利于统治阶级的社会秩序,维护统治阶级的政治和经济利益。因此,阶级性是国家的根本属性,国家本质上是经济上占统治地位的阶级进行阶级统治的政治权力机构。国家还负有管理社会公共事务的职责,因此,国家权力还具有公共性和公益性,现代国家尤其如此。

国体就是指国家的阶级性质,它表明社会各阶级在国家中所处的地位。具体地说,就是国家政权掌握在哪一个阶级手里,哪个阶级是统治阶级,哪个阶级是被统治阶级。统治阶级的阶级性质决定着国家的性质。

按照国家性质划分,人类社会发展过程中存在有四种国家类型,即奴隶制国家、封建制国家、资本主义国家和社会主义国家。前三种类型属于剥削阶级国家,是少数剥削者对广大劳动者的统治。无产阶级通过革命推翻资产阶级的统治而建立的社会主义国家是人民当家做主的新型国家。

2. 我国是人民民主专政的社会主义国家

在我国县级以上各级政权机关的大门上方正中央悬挂着中华人民共和国国徽,国徽是一个国家的象征和标志,每当我们看到庄严的国徽,对伟大祖国的崇敬之情便会油然而生。

我国国徽图案由五颗五角星、天安门、齿轮和谷穗构成,天安门象征民族精神,齿轮象征工人阶级,谷穗象征农民阶级;五颗五角星,大的一颗象征着伟大的中国共产党,小的四颗象征着人民大众;四颗小五角星各有一角正对着大五星的中心,代表着中国共产党领导下中国各族人民的大团结,象征着中国人民在中国共产党的领导下掌握了国家权力,成为国家的主人。整个国徽图案,鲜明地体现了新中国的国家性质。

我国的国家性质,即我国的国体,在我国宪法总纲中有明确规定:"中华人民共和国是工人阶级领导的,以工农联盟为基础的人民民主专政的社会主义国家。"这表明:我国的国家性质是人民民主专政的社会主义国家。

工人阶级的领导是我国国家性质的首要标志。工人阶级是我国的领导阶级。我国工人阶级是近代以来我国社会发展,特别是社会化大生产的产物,是先进生产力和生产关系的代表,具有严格的组织性、纪律性和革命的坚定性、彻底性等品格。我国工人阶级在长期的革命斗争和社会主义建设中,表现了坚定的政治立场和艰苦创业的精神,不愧为国家的领导阶级和社会主义建设事业的中坚力量。

工农联盟是我国国家政权的阶级基础。在我国,农民阶级是工人阶级的天然同盟军,是建设社会主义的基本力量。农民阶级在工人阶级的领导下,与工人阶级一起,共同管理国家事务。在政治上,工农联盟是我国人民民主专政的阶级基础。

我国的人民民主专政是马克思主义普遍原理与中国革命实践相结合的产物,是无产阶级专政在中国的具体形式。早在新民主主义革命时期,革命根据地就建立了人民当家作主的政权。这个政权,在人民内部实行民主,对官僚资产阶级和封建地主阶级实行专政。1949年6月,毛泽东在《论人民民主专政》一文中明确指出,中国人民在取得民主革命胜利以后,应建立工人阶级领导的、以工农联盟为基础的人民民主专政。中华人民共和国成立后,人民民主专政就作为我国国体被确定下来。

3. 新型的民主和新型的专政

我国的人民民主专政,对占全国人口绝大多数的人民实行民主,对极少数敌视和破坏社会主义事业的敌对势力和敌对分子实行专政。它在中国历史上第一次实现了绝大多数人的民主,是新型的民主和新型的专政,具有鲜明的中国特点和优点,主要表现在:

第一,人民民主专政的本质是人民当家做主,在我国,人民民主具有广泛性和真实性。

人民民主的广泛性表现在:

(1) 民主主体的广泛性。在我国,包括工人、农民、知识分子和其他社会主义劳动者,拥护社会主义的爱国者,拥护祖国统一的爱国者在内的全体人民都是国家和社会的主人。他们平等地享有管理国家和社会事务的权利。

(2) 人民享有民主权利的广泛性。我国宪法第二章确认我国公民享有政治、经济、文化等社会生活各方面的广泛的民主自由权利。

人民民主的真实性表现在:人民当家作主的权利有制度、法律和物质的保障,也表现在随着经济的发展和社会的进步,广大人民的利益得到日益充分的实现。

读一读

习近平:我国社会主义民主是维护人民根本利益的最广泛、最真实、最管用的民主。发展社会主义民主政治就是要体现人民意志、保障人民权益、激发人民创造活力,用制度体系保证人民当家作主。

党的十九大报告明确提出,健全人民当家作主制度体系,发展社会主义民主政治。进一步重申了坚持党的领导、人民当家作主、依法治国的有机统一。报告对基层民主进行了强调,抓住了我们民主政治的一个弱项。比如有的地方出现"小官大贪"的问题,就是因为在民主监督方面做得不够。有的人通过贿选的方式当了村委会主任,那么他一定是把这个选举当作一种投资行为,他一定会在此后征地拆迁、支农资金等问题上做文章,把自己的投入捞回来。所以就应该加强民主监督的制度。

第二,人民民主专政体现了民主和专政的辩证统一。国家作为阶级统治的工具,具有专政的职能,人民民主专政也不例外。人民民主专政对极少数敌人实行专政,国家依法打击极少数敌对分子的破坏活动,依法打击各种犯罪活动,维护社会治安和社会秩序,保护国家、集体和公民的合法权益不受侵犯,保障人民民主,保卫社会主义现代化建设。

我国的人民民主专政,在概念的表述上直接体现出民主和专政的辩证统一。正如毛泽东指出的:"对人民内部的民主方面和对反动派的专政方面,互相结合起来,就是人民民主专政。"把民主和专政联系在一起,这是对无产阶级专政最本质的概括。它不仅确切地表明我国的阶级状况和政权的广泛社会基础与鲜明的民主特色,而且也科学地反映了我国政权的性质。

民主是指在一定阶级范围内,按照平等的原则和少数服从多数的原则,来共同管理国家事务的国家制度。民主具有鲜明的阶级性,民主总是属于统治阶级的。世界上从来没有抽象的、超阶级的民主。

专政,即主要依靠暴力实行的统治。

我国的民主与专政是辩证统一的。一方面,民主与专政相互区别、相互对立,民主只适用于人民内部,专政则适用于敌对势力;另一方面,民主与专政相辅相成、互为前提,民主是专政的基础,专政是民主的保障。

请根据上面的论述对以下两种观点加以辨析,并说明理由。

观点一:人民民主专政的国家同其他类型的国家是一样的。

观点二:人民民主专政的国家同其他类型的国家是不一样的。

4. 坚持人民民主专政

我国是人民民主专政的社会主义国家,坚持社会主义道路、坚持人民民主专政、坚持中国共产党的领导、坚持马克思列宁主义毛泽东思想这四项基本原则,是我国的立国之本。坚持人民民主专政作为四项基本原则之一,已被写入我国宪法。坚持人民民主专政是社会主义现代化建设的政治保证。只有充分发扬社会主义民主,确保人民当家做主的地位,保证人民依法享有广泛的权利和自由,尊重和保障人权,才能调动亿万人民群众建设社会主义现代化的积极性。只有坚持国家的专政职能,打击一切破坏社会主义建设的敌对势力和敌对分子,才能保障人民民主,维护国家的长治久安。

坚持人民民主专政,在改革开放的历史条件下被赋予了新的时代内容:突出了为社会主义经济建设服务的国家职能;为改革开放和社会主义现代化建设创造良好的国内条件和国际环境;重视法制建设,依照宪法和法律治理国家;发展人民民主,加强民主政治建设。

邓小平明确指出:"运用人民民主专政的力量,巩固人民的政权,是正义的事情,没有什么输理的地方。"我们可以从多个方面理直气壮地阐明坚持人民民主专政的意义:

◇ 从国家的一切权力属于人民的角度看;

◇ 从维护国家的主权、安全、统一和稳定的神圣职责看;

◇ 从警惕国内极少数敌对分子和国际敌对势力的破坏活动的需要看;

◇ 从社会主义现代化建设的需要看;

……

选择其中一个方面,阐明"运用人民民主专政的力量,巩固人民的政权,是正义的事情"这一道理。

二、我们国家的对内对外职能

1. 国家职能

运用人民民主专政的力量,巩固人民的政权,也是我国国家职能的体现。

在社会生活中,我们每时每刻都感受到国家的作用,国家就如同一部机器那样在不停地运转。例如,我们读书的学校大多是由国家开办的;日常使用的货币是国家通过中国人民银行发行的;出门乘坐的公共汽车、火车、轮船、飞机大多是由国企生产的;日常生活的气象、广播电视、文化娱乐等服务性的公共设施也多是由国家兴办的。人们生活所必需的安定的社会秩序、和平的生活环境和需要进一步优化的生态环境等,更是离不开国家的管理……

国家机器发挥它的作用,就是国家在履行其职能。任何一个国家既要管理国家内部的事务,又要处理与其他国家的关系,因此,国家具有对内和对外两种职能。

2. 我们国家的对内职能

我国现正处于社会主义初级阶段,我国人民民主专政国家的对内职能主要有四个方面:

第一,政治职能。即指国家维护政治统治和政治稳定的职能。国家依法打击极少数敌对势力和敌对分子的破坏活动,惩治犯罪,维护社会治安和社会秩序,保护国家、企业和个人的合法财产不受侵犯,保护公民的生命安全及各种合法权益,保障人民民主,协调人民内部矛盾,维护国家的长治久安。同时,国家致力于民主政治建设,健全社会主义民主制度,维护人民的民主权利。

第二,经济职能。即指国家组织经济建设,促进社会经济发展,提高生产力水平和人民生活水平的职能。我国现阶段的根本任务是集中力量进行社会主义现代化建设,以经济建设为中心,大力发展社会生产力,不断满足人民群众日益增长的物质和文化生活需要。在社会主义市场经济条件下,国家管理经济的职能主要是进行经济调节、市场监管、社会管理和公共服务。

第三,文化职能。即指国家组织社会主义文化建设的职能。一方面,国家宣传马克思主义科学理论,引导人民抵制封建主义、资本主义腐朽思想的侵蚀,在全体人民中进行"有理想、有道德、有文化、有纪律"的教育,弘扬和培育民族精神,提高全民族的思想道德素质和科学文化素质;另一方面,国家组织和发展教育、科技、文化、艺术、广播、电视、卫生、体育等各项事业。

第四,社会公共服务职能。即指国家为经济的发展、社会的进步,创造良好的社会环境和自然环境的职能。在社会主义和谐社会的建设中,国家提供各种社会公共服务。例如,建立和健全社会保障制度;兴办各种公共工程,完善各种公共设施;控制人口增长,促进优生优育;保护公共环境,防治污染,保持生态平衡等。

3. 我们国家的对外职能

我国人民民主专政国家的对外职能主要有两个方面:

第一,防御外敌的侵犯和颠覆,捍卫国家的主权、领土的完整。实施这项职能的具体内容是:加强国防建设和军事建设,实现国防现代化,提高国家的自卫能力。

第二,实行对外开放政策,发展国际交流和合作,通过外交活动,协调与他国的关系,创造有利于我国发展的国际环境,促进世界的和平和发展。

想一想

出过国的中国人大都有过这样的体验——即便踏上的是一片完全陌生的土地,打开手机那一刻,一条中文短信总会让心里变得更加踏实。这是由中国驻当地使领馆发出的短信,一般都有三句话:告诉你使领馆24小时求助热线;提醒你遵守当地法律,注意安全;祝你在当地生活愉快。

撤离战区,国家行动果断开启

放眼当今世界,一些地区仍不太平,战争、冲突、恐怖主义袭击等频繁威胁我在海外人员和机构安全。

2015年3月下旬,习近平主席下令护航编队执行撤侨任务,3艘中国军舰立即奔赴也门,从战火中撤出613名中国公民,

2015年11月,习近平主席就3名我国公民在马里人质劫持事件中遇害作出重要批示,要求有关部门加大投入和保障,加强境外安全保护工作,确保我国公民和机构安全。

亲切关怀,精细部署,果断行动。

面对灾难,领事保护守望相伴

灾难,总是突然降临,猝不及防。应急处置,是对领事保护能力的考验,更是对国家实力的检验。保护海外同胞,祖国不会缺席。2013年7月6日,韩亚航空公司的航班在美国旧金山国际机场降落时失事滑出跑道,燃起熊熊大火。机上141位同胞是否平安?在客机残骸升腾的火焰中,在救护车、消防车的轰鸣中,中国外交官奔赴现场。在独立日假期寂静的街头,中国外交官不分昼夜,在总领馆、酒店和当地8家医院间奔波。一声"祖国派我们过来",让很多人热泪盈眶。2013年4月15日,爆炸震颤着美国波士顿马拉松比赛的终点,震动着世界,也牵动着亿万中国人的心——1名中国留学生不幸遇难,另有一名留学生身负重伤。外交部和中国驻美国使馆、驻纽约总领馆迅速投入遇难学生善后和受伤学生救治工作。焚膏继晷,披星戴月,中国外交官们飞驰在美国的城市之间。然而,就在领事保护工作艰难有序展开之际,波士顿发生枪战,机场关闭,公共交通取消,整个地区300多万人都待在了家中。千头万绪的工作,有条不紊地落实。探望伤者,案发现场取证,安排遇难者家属赴美,新闻发布,举行追悼会……揪心的痛,伤心的泪,生命的脆弱,相助的坚韧,温暖的力量。同胞们走到哪里,领事保护服务就跟到哪里。不论多远,祖

国,都在身边。

患难与共,友好故事谱写新篇

2015年4月25日,尼泊尔发生里氏8.1级强烈地震,"世界之巅""众神之国",残垣断壁,遍野哀鸿。在尼中国游客、中国工人、中国登山者的状况牵动着所有中国人的心。外交部全球领事保护与服务应急呼叫中心12308热线成了重要线索来源。为海外游子与祖国亲人之间架起了一条全天候、零时差、无障碍的绿色通道。地震发生后,中国政府在国内同样遭受地震灾害损失、大量人员仍滞留尼泊尔的情况下,向尼泊尔震区派出多个救援队、医疗队、防化洗消队,并援助大量物资。

回想19世纪,华工被"卖猪仔",运往美国、加拿大和澳大利亚;回想1905年,陈天华在日本东京大森海湾投海自杀,抗议日本颁布的"取缔清国留日学生规则";回想一战期间,十多万中国劳工犹如"工蚁",在欧洲出生入死,却饱受歧视和欺凌……沧海桑田的巨变再次证明——唯有一个强大的祖国,才是人民幸福的来源,尊严的保障,安全的港湾。就像法国作家雨果所说,我们的生活不能没有面包,但我们的生活也不能没有祖国。

想一想,强大的祖国是如何行使国家职能的?

4. 政府是一种公共权力

我国人民民主专政的国家职能,是由我国政府来担当的。而我国政府的职权由人民赋予,因此,它是为人民服务、对人民负责的政府,其权力具有公共性和公益性。事实上,只要是民主国家,其政府权力就是一种公共权力。所谓公共权力,是指在公共管理的过程中,由政府官员及其相关部门掌握并行使的,用以处理公共事务、维护公共秩序、增进公共利益的权力。公共权力来源于人民。公共权力的产生是为了维护社会公共秩序,增进社会公共利益。公共权力的运行过程实际上就是把权力的运行机制应用到经济、社会公共事务的管理之中,进而实现一定的经济、社会目标。

党的十九大明确提出实施乡村振兴战略,并作为七大战略之一写入党章。中央经济工作会议、中央农村工作会议对实施乡村振兴战略作出了全面部署,强调要落实高质量发展的要求,坚持农业农村优先发展,坚持质量兴农、绿色兴农,加快推进农业由增产导向转向提质导向,加快推进农业农村现代化,走中国特色社会主义乡村振兴道路,让农业成为有奔头的产业,让农民成为有吸引力的职业,让农村成为安居乐业的美丽家园。为此国家责成各省、自治区、直辖市及计划单列市农业(农牧、农村经济)、农机、畜牧、兽医、农垦、农产品加工、渔业厅(局、委、办),新疆生产建设兵团农业局做到:一、坚持质量第一,推进质量兴农、品牌强农;二、坚持效益优先,促进农业竞争力不断提升和农民收入稳定增长;三、坚持绿色导向,提高农业可持续发展水平;四、坚持市场导向,着力调整优化农业结构;五、坚持改革创新,加快培育农业农村发展新动能。

我国政府是人民的政府,是人民意旨的执行者和人民利益的捍卫者,其权力来自人民,也是为民所用、为民谋利的。一方面,政府管理着我们的公共生活,为我们提供各种公共服务;另一方面,政府的公权力严守自己的边界,通过改革不再介入能由市场完成的或能由社会自治解决的事务,属于公民私人领域的,公权力更是绝不轻易越雷池半步,并竭力保障和维护公民的私权利。

然而,从权力本身所具有的特性看,权力最容易成为脱缰野马。掌握权力的人借助权力的力量而把自我凌驾于权力的作用范围之上,对于一个国家来说,则表现为凌驾于社会之上。当掌权者为了私人利益而操纵权力,这种权力又受不到任何限制时,掌权者就会利用人民赋予的权力去侵害公民的权利。人类文明的历史向世人昭示这样一个道理:不受制约的权力必然导致腐败。

在我们国家建设社会主义民主政治的今天,为了防止公共权力运行的随意性和人格化,治理腐败,国家从各个方面对政府权力进行了有力有效的监督和制约:

一是以法制权。十七大报告明确指出,要"加强宪法和法律实施,坚持公民在法律面前一律平等,维护社会公平正义,维护社会主义法制的统一、尊严、权威。推进依法行政……","实现国家各项工作法治化"。为了实现法律对权力的制约,国家不断完善相应的法律体系和执法程序,确保国家的各种权力摆脱以个人意志为转移的"人治",而以法律为准绳,在规定的范围内规范地使用;加强对公共权力的依法监督,以完整的执法程序来维护法律的尊严,对那些以权代法、以权压法、以权谋私的行为依法严厉制裁。

2015年12月27日,中共中央、国务院颁发了《法治政府建设实施纲要(2015—2020年)》,制定了深入推进依法行政,加快建设法治政府,如期实现法治政府基本建成的奋斗目标和建设要求。

二是以权制权。在我国目前的社会转型期,这是从两个方面来实现的:(1)通过强化集体决策来制衡公共权力的运用;(2)通过设置监督权来制衡公共权力的运用。十七大报告指出:"要坚持用制度管权、管事、管人,建立健全决策权、执行权、监督权既相互制约又相互协调的权力结构和运行机制。"

三是以德制权。对此,要求政府必须树立公共精神以规制权力。公共精神是指引政府公共行政的价值导向,是保障政府公共性的道德规范。尽管在现代社会,民主宪政的制度安排对于保证政府的公共性具有根本意义,但是政府官员的信仰与政德也是不可或缺的因素。我们党开展"三讲"教育和"保持党的先进性"教育,强调领导干部一定要增强自律意识,加强自身的党性锻炼和从政道德修养,常修为官之德,常怀律己之心,常思贪欲之害,不为名所累,不为利所缚,堂堂正正做人,清清白白做官,严以律己,率先垂范,永葆人民公仆的本色。

四是以控制权。不受控制的权力是绝对的权力,绝对的权力必然导致权力腐败。权力需要自律,权力的运用离不开控制,控制是遏制和减少权力腐败的重要环节。有效控制需要通过授权(转授权)和检查监督来实施,有效的检查监督既能够维护权力的尊严,又能够使领导干部不拒绝、不逃避、不远离监督。监督的重点是领导机关、领导干部特别是各级领导班子的主要负责人。要使所有权力的行使都处于有效监督之下。权力越大的人越需要监督,不仅要有党内监督、行政监督,而且要有群众监督、舆论监督。

公共权力不越位,也不能缺位,政府要保证公共服务的有效供给,更多地保障公平正义的实现。权力要守规则,政府要依法行政。国家机关及其工作人员,一定要按照法定权限和程序行使权力、履行职责。在建设服务政府和责任政府的今天,我们必须防止政府公共性的流失,政府的公共性是建设服务政府和责任政府之本。

第二节 我国的政体

一、我国的人民代表大会制度

1. 政体及其与国体的关系

国家同任何事物一样,都是内容与形式的统一。

如果说国体涉及的是国家的内容,或者说是国家权力的阶级归属,那么国家的形式,或者说拥有国家权力的阶级如何实现其国家权力的问题,则属于政体的范围。

政体指国家政权的组织形式,即统治阶级采取何种形式来组织自己的政权机关。

国体与政体的关系是内容与形式的关系,国体决定政体,政体反映国体。尽管如此,但同一类型的国体,其政体却并不必然相同。一个国家的政体不仅要受国体的制约,而且还要受统治阶级与被统治阶级的实际力量对比关系和社会历史条件等因素的制约。同时,政体对国体具有反作用,只有借助于政体,国体才能外化出来,统治阶级才能将自己的意志形成和上升为国家意志,才可能系统地使用暴力及其他一切手段,对社会进行管理和统治。适当的健全的政体,对维护和巩固统治阶级的统治地位有着重要的作用。因此,统治阶级历来都十分重视政权组织形式的问题,不断完善自己国家的政体。

2. 当代国家政体的基本类型

当代国家政体的基本类型有君主立宪制和民主共和制。

君主立宪制是资本主义国家以世袭的君主(国王、天皇、女王等)为国家元首,君主权力按宪法规定受到一定限制的政权组织形式。它的产生是资产阶级与封建地主阶级互相妥协的结果。君主立宪制在当代的主要形式是议会制君主立宪制。

政治体制是指政治制度的具体表现和实施形式,是管理国家政治事务的规范体系。具体来说,主要是指党和国家的领导制度、组织制度、工作制度等具体制度。

议会制君主立宪制，简称议会君主制，它的主要特征是：第一，议会拥有立法、组织和监督政府的权力；第二，君主是象征性的国家元首，其职责多数是礼仪性的，如代表国家出访、签署法律文件等；第三，政府（内阁）掌握行政权力，它由议会产生并对议会负责。英国是历史上最早实行议会君主制的典型国家。

民主共和制，是指国家的权力机关和国家元首由选举产生并有一定任期的政权组织形式。它是多数资本主义国家采用的政体。

资本主义民主共和制根据立法机关与行政机关关系的不同，可分为议会制共和制和总统制共和制。

议会制共和制的主要特征是：第一，议会拥有立法、组织和监督政府（内阁）等权力；第二，政府（内阁）由占议会多数席位的政党或政党联盟来组织，政府对议会负责，当议会通过对政府不信任案时，政府就得辞职或呈请国家元首解散议会，重新选举；第三，作为国家元首的总统只拥有虚位，没有实权。

议会也称国会。根据资本主义三权分立原则，立法权、行政权、司法权分别由议会、政府和法院行使。因此，议会被称为立法机构，议会的成员被称为议员。

总统制共和制的主要特征是：第一，总统既是国家元首又是政府首脑。总统总揽行政权力，统率陆、海、空三军。第二，行政机关和立法机关相互独立。作为立法机关的议会，其议员不能兼任行政职务，而作为行政机关的政府官员，也不能兼任议员。第三，由当选的总统组织政府。资产阶级各政党能否上台执政的关键，不在于是否获得议会中的多数席位，而在于在总统选举中能否获胜。美国是实行总统制共和制的典型国家。

议会制共和制和总统制共和制有何异同？

议会君主制国家：英国、日本、新西兰、比利时、丹麦、荷兰、卢森堡、挪威、西班牙、泰国、马来西亚、加拿大、澳大利亚等国家。

民主共和制国家：议会制——意大利、德国、芬兰、奥地利、印度、新加坡等国家；总统制——美国、墨西哥、巴西、阿根廷、埃及、印度尼西亚、多米尼加、危地马拉等国家。

社会主义国家的政权组织形式，只能是而且应该是民主共和制，这是由生产资料公有制的经济基础和社会主义国家性质决定的。由于具体条件不同，各社会主义国家实行民主共和制的具体形式也具有多样性。

3. 我国的政体是人民代表大会制度

我国人民民主专政的政权组织形式即政体是人民代表大会制度。

1840年鸦片战争后,中国一百多年的历史是从传统走向现代、从封闭走向开放、从专政走向民主的不平凡的历史。中国社会经历了翻天覆地的历史变迁,人民代表大会制度最终被确立为新中国的政体。

人民代表大会制度是按照民主集中制原则,由人民选举代表组成人民代表大会作为国家权力机关,统一管理国家社会事务的政治制度。人民代表大会制度的基本内容包括:国家的一切权力属于人民;人民在普选的基础上选举代表,组成各级人民代表大会作为国家权力机关;由国家权力机关产生其他国家机关,依法行使各自的职权;实行民主集中制的组织和活动原则;等等。

我国宪法规定:"中华人民共和国的一切权力属于人民。人民行使国家权力的机关是全国人民代表大会和地方各级人民代表大会。"

全国人民代表大会会场

国家的一切权力属于人民是人民代表大会制度的逻辑起点。社会主义生产资料公有制决定了占社会成员绝大多数的广大劳动人民不仅成为生产资料的主人,而且也成为自己命运的主人;不仅应该是法律上、原则上的"主人",而且应该是政治现实中的主人。

全国人民代表大会是最高国家权力机关,行使最高的立法权、决定权、任免权和监督权。全国人民代表大会在我国的国家机构中居于最高地位,其他国家机关都由它产生,对它负责,并受它监督。

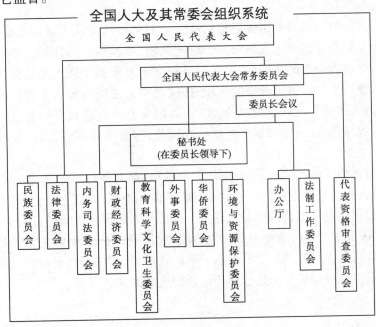

全国人民代表大会的常设机关是全国人大常务委员会。在全国人民代表大会闭会期间，全国人大的部分职权由全国人大常委会行使，以便更好地发挥最高国家权力机关的作用。

地方各级人民代表大会是地方各级国家权力机关。它是本行政区域内人民行使国家权力的机关，本行政区域内的一切重大问题，都由它讨论决定，并由它监督实施。它们与全国人民代表大会一起构成了我国国家权力机关的完整体系。

立法权，即制定法律的权力。全国人民代表大会及其常委会行使国家立法权。省（自治区）、直辖市的人大及其常委会可以制定地方性法规，报全国人大常委会备案。

决定权是宪法和法律赋予各级人大和县级以上各级人大常委会依照法定的程序决定国家和社会或本行政区域内重大事项的权力。

任免权是各级人大及其常委会对相关国家机关领导人员及其他组成人员进行选举、任免、罢免、撤职等权力。

监督权即监督宪法和法律的实施，监督"一府两院"即政府、法院、检察院工作的权力。

人民代表大会代表是国家权力机关的组成人员。我国各级人民代表大会的代表由民主选举产生。

人大代表产生的方式有两种：全国、省、自治区、直辖市和设区的市、自治州的人民代表大会的代表由下一级人民代表大会选出，这是间接选举；县、自治县、不设区的市、市辖区、乡、民族乡、镇人民代表大会的代表则由选民直接选举产生。全国各级人民代表大会的代表每届任期五年。

人大代表选举时一般需要事先确定候选人。如果正式候选人名额与应选名额相等，就是等额选举。如果正式候选人名额多于应选名额，那就是差额选举。等额选举可以比较充分地考虑当选者结构的合理性，但在一定程度上又限制了选民的自由选择。差额选举则为选民行使选举权提供了选择的余地，在被选举人之间也形成了相应的竞争。在差额选举中，候选人按照既定的规则，采取演讲、答辩等方式向选民介绍自己，开展竞选；这有助于选民了解候选人，但是如果不加以有效规范，容易导致虚假宣传、金钱交易等情况的发生。

可见，直接选举、间接选举、等额选举、差额选举，都有各自的优点，也都存在一定的局限性。采取什么样的选举方式，在不同的时期、不同的地区，要根据社会经济制度、物质生活条件、选民的文化水平等具体因素来确定。我国是人民民主专政的社会主义国家，要采用符合广大人民根本利益的选举方式。现阶段，根据我国处于社会主义初级阶段的基本国情，面对人口众多、幅员辽阔、发展很不平衡的状况，我国将在相当长的一段时间内以差额选举为主、采用直接选举与间接选举相结合的选举方式。

读一读

新中国成立之初,我国经济文化落后,交通也不方便,人民群众的民主素养还不是很高,从这样的国情出发,我国只在乡镇一级实行人大代表的直接选举。随着我国政治、经济、文化的发展,人民的生活水平有了普遍提高,公民的民主意识有所增强,政治参与能力也有了很大的提高,希望更多地直接参与国家政治生活。顺应社会进步与经济发展的要求,我国将直接选举人大代表的范围扩大到县级,实行普遍的差额选举。

1953年12月,我国进行首次普选,采用直接选举与间接选举相结合的选举方式。其中,乡镇人大代表实行直接选举。各级人大代表的选举实行等额选举。当时,邓小平指出:目前我国的选举是由我国的社会情况、我们的选举缺乏经验以及文盲尚多等实际条件决定的。我们要切合实际,根据我国的特点决定选举制度和管理方式。随着我国经济、政治、文化的发展,我们一定会采用更为完备的选举制度。

1979年,我国扩大了直接选举人大代表的范围,规定实行差额选举。

1986年,我国各级人大代表一律实行差额选举。

1995年,我国简化了直接选举的程序。

2003年,人大代表进行换届选举,采用直接选举与间接选举相结合的方式。其中,县、乡人大代表实行直接选举。各级人大代表的选举实行差额选举。

由选民通过民主选举程序选举产生人大代表,由他们组成各级人民代表大会,行使国家权力,这构成了人民代表大会制度的前提和基础。

人大代表代表人民的利益和意志,依照宪法和法律赋予的各项职权,行使国家权力。人民代表在自己参加的生产、工作和社会活动中,协助宪法和法律的实施,与人民群众保持密切联系,听取和反映人民群众的意见和要求,努力为人民服务,对人民负责,并接受人民监督。可见,对人民负责、受人民监督是人民代表大会制度的关键。

人大代表代表人民在国家权力机关行使管理国家的权力,除审议各项议案、表决各项决定外,还享有提案权和质询权。所谓提案权,是指人民代表有权依照法律规定程序,向人民代表大会提出议案。所谓质询权,是指人民代表有权根据法律规定的程序,对政府等机关的工作提出质问并要求答复。

人民代表大会统一行使国家权力,但它所决定的事情不是自己直接去办,而是由国家的行政机关即政府和司法机关即人民法院及人民检察院去贯彻执行。国家的行政机关和司法机关都由人民代表大会产生,对它负责,受它监督。可见,无论在国家机构的建立还是运行过程中,我国的人民代表大会始终处于主导地位。因此,以人民代表大会为基础建立全部国家机构是人民代表大会制度的核心。

想一想

人民代表大会制度是中国人民的选择,它在长期实践中不断得到巩固和完善,显示出强大的生命力和无比的优越性——

(1) 它保障了人民当家做主；
(2) 它动员了全体人民投身于社会主义建设；
(3) 它保证了国家机关协调高效运转；
(4) 它维护了国家统一和民族团结。

你能根据人民代表大会制度的基本内容，结合你所了解的事例，对这些结论作出说明吗？

二、适合我国国情的根本政治制度

1. 人民代表大会制度适合我国国情

人民当家做主是社会主义民主政治的本质和核心，是社会主义的生命。人民代表大会制度是适合我国国情、体现社会主义国家性质、能够保证中国人民当家做主的根本政治制度。

一个国家实行什么样的政治制度，是由这个国家的国情决定的，是一定社会历史发展的产物，有着深刻的政治、经济和文化根源。

我国的人民代表大会制度，是中国共产党把马克思主义基本原理同中国具体实际相结合的伟大创造，是近代以来中国社会发展的必然选择，它同人民民主专政的国体相适应，反映了全国各族人民的共同利益和共同愿望。

首先，我国是在半殖民地半封建社会的基础上，通过新民主主义革命转变为社会主义革命而建立起来的人民民主专政的社会主义国家。早在新民主主义革命时期，中国共产党就带领全国各族人民，吸取苏维埃政权的经验，为建立新型的人民政权进行了不懈的探索和实践。第二次国内革命战争时期的工农兵苏维埃，抗日战争时期的参议会，以及解放战争时期的人民代表会议，都是共产党领导人民创造的新的政权组织形式，它为建国后实行人民代表大会制度积累了丰富的经验。我国的人民代表大会制度正是在这些政权组织形式基础上发展起来的。1954年颁布的第一部《中华人民共和国宪法》正式确定人民代表大会制度为我国的根本政治制度。

其次，在新民主主义革命过程中，我们形成了以工人阶级为领导、以工农联盟为基础的广泛的革命统一战线，这就决定了建立人民民主专政后掌握国家权力的人民的广泛性。在人民内部，包括了许多阶级、阶层、民族、社会团体以及各方面的代表人物。实现人民民主专政的任务，就需要广泛的民主，以便团结一切可以团结的力量，调动各方面的积极因素，而我国的人民代表大会制度正是适合这一要求的政体形式。

再次，人民代表大会制度保证了人民真正当家作主。我国人民代表大会制度的组织和活动的基本原则是民主集中制。民主集中制是在民主基础上的集中和集中指导下的民主相结合的制度。这表现在：我国各级人民代表大会都由民主选举产生，对人民负责，受人民监督；人民代表大会集体行使职权，在法律的制定和重大问题的决策上，由人民代表充分讨论，实行少数服从多数原则，民主决定，以集中和代表人民的意志，代表人民的利益；在贯彻执行上，实行严格的责任制，保证国家权力机关的决定能够迅速有效实施。

读一读

2017年3月,中央就十三届全国人大代表选举提出了草案。草案要求十三届全国人大代表中,基层代表特别是一线工人、农民、专业技术人员代表的比例要比上届有所上升,农民工代表人数要比上届有所增加,党政领导干部代表的比例要比上届有所降低。

人大代表具有广泛的代表性,是人民代表大会制度的本质要求,也是社会主义民主的重要体现。

选举法第六条规定,全国人大代表应当具有广泛的代表性,应当有适当数量的基层代表,特别是工人、农民和知识分子代表。正是根据这一规定精神,为进一步优化代表结构,保证全国人大代表的广泛性,决定草案作出了上述规定。

此外,草案还规定,十三届全国人大代表中,妇女代表的比例要比上届有所提高;连任的代表应占一定比例。

2012年3月14日通过的关于十二届全国人大代表名额和选举问题的决定规定,十二届全国人大代表中,基层代表特别是一线工人、农民和专业技术人员代表的比例要比上届有所上升,农民工代表人数要比上届有较大幅度增加,党政领导干部代表的比例要比上届有所降低。连任的代表应占一定比例。

可见,人民代表大会制度是我国的根本政治制度,人民代表大会制度直接全面地表现了我国的阶级本质,是我国国家机构得以建立、健全和国家政治生活得以全面开展的基础,是其他政治制度的核心,也反映了我国政治生活的全貌。

2. 人民代表大会制度的优越性

实践充分证明,人民代表大会制度是植根于中国大地上的、具有中国特色的政权组织形式。我们实行这样的政体,是历史的选择,也是人民的意愿。同西方资本主义国家实行的议会制度相比,我国的人民代表大会制度具有无可比拟的优越性,具体表现在以下三个方面:

第一,有利于保证国家权力体现人民的意志。人民不仅有权选择自己的代表,随时向代表反映自己的要求和意见,而且对代表有权进行监督,有权依法撤换或罢免那些不称职的代表。

第二,有利于保证中央和地方的国家权力的统一。在国家事务中,凡属全国性的,需要在全国范围内作出统一决定的重大问题,都由中央决定;凡属地方性的问题,则由地方根据中央的方针因地制宜地处理。这样既保证了中央的集中统一领导,又发挥了地方的积极性和创造性,使中央和地方形成有力的统一整体。

第三,有利于保证我国各民族的平等和团结。依照宪法和法律规定,在各级人民代表大会中,都有适当名额的少数民族代表;在少数民族聚居地区实行民族区域自治,在自治区设立自治机关,使少数民族能够管理本地区、本民族的内部事务。

总之,人民代表大会制度是适合我国国情的根本政治制度,只有实行这一制度才能保证国家沿着社会主义道路前进。正如邓小平指出的:"我们实行的就是人民代表大会一院制,这最符合中国实际。如果政策正确,方向正确,这种体制益处很大,很有助于国家的兴旺发达,避免很多牵扯。"因此,我们必须坚持和完善人民代表大会制度。

第三节 公民的政治权利与义务

一、公民的政治权利和政治义务

1. 依法有序参与国家政治生活

我国是人民当家做主的国家。人民民主是社会主义的生命。发展社会主义民主政治是我们党始终不渝的奋斗目标。而发展社会主义民主政治的一条基本路径，就是从各个层次、各个领域扩大公民有序参与政治。

政治生活是人们重要的生活领域，它同经济生活、文化生活一起构成了我们的社会生活。作为中华人民共和国公民，对于当代中国的政治生活，我们总要参与，且要有序参与，这是我们的公民意识和民主、法制观念的现实体现。我们的政治参与要"有序"，基本要求就是"依法"，要以宪法规定的公民政治权利和义务为法律基础，在法律的框架内守规则、讲程序、负责任地有序进行。

2. 公民的政治权利

公民依法参与国家政治生活、管理国家事务和社会事务、表达意愿的权利和自由，就是公民的政治权利和自由。我国宪法对公民的政治权利和自由作了明确的规定。

（1）选举权和被选举权。

我国宪法规定："中华人民共和国年满18周岁的公民，不分民族、种族、性别、职业、家庭出身、宗教信仰、教育程度、财产状况、居住期限，都有选举权和被选举权；但是依照法律被剥夺政治权利的人除外。"公民依法享有的选举国家权力机关代表的权利，是公民的选举权；公民被选为国家权力机关代表的权利，是公民的被选举权。选举权和被选举权是公民基本的民主权利，行使这个权利是公民参与国家管理的基础和标志。

18周岁是我国未成年人保护法规定的成年人与未成年人的法定界限。年满18周岁，人的生理、智力趋于成熟，能对自己的行为负法律责任。赋予18周岁（含18周岁）以上公民以选举权和被选举权，就是通常所说的普选。普选反映出我国选举制度遵循选举权的普遍性原则。

依法享有选举权的公民叫选民。选民对于人民代表候选人可以投赞成票，也可以投反对票，可以另选其他选民。我国公民行使选举权以及选举程序由法律规定。

我国现阶段实行直接选举和间接选举相结合的选举制度。直接选举一般包括以下几个程序：一是划分选区；二是进行选民登记，颁发选民证；三是提出和确定人民代表候选人；四是不记名投票与宣布选举结果。

(2) 政治自由权。

我国宪法规定:"中华人民共和国公民有言论、出版、集会、结社、游行、示威的自由。"人民参与国家政治生活,充分表达自己的意愿,这是人民行使当家做主权利的重要方式,是社会主义民主的具体表现。国家制定了相应的法律,创造各种条件,保障公民真正享有和行使政治自由权。

想一想

关于如何理解政治自由,有两种观点。你认为它们有道理吗?说说你的看法。

观点一:人们能够无拘无束,想干什么就干什么,这就是自由。

观点二:自由是做法律所许可的一切事情的权利。

(3) 监督权。

我国宪法规定:"中华人民共和国公民对于任何国家机关和国家工作人员,有提出批评和建议的权利;对于任何国家机关和国家工作人员的违法失职行为,有向有关国家机关提出申诉、控告或者检举的权利,但是不得捏造或者歪曲事实进行诬告陷害。"公民的监督权是指公民有监督一切国家机关和国家工作人员的权利。它包括批评权、建议权、检举权、申诉权和控告权等。

3. 公民的政治义务

我国宪法在规定公民享有广泛的政治权利和自由的同时,也规定了公民必须履行的政治义务,即公民对国家、社会应承担的责任。

维护国家统一和民族团结。我国是统一的多民族国家。国家的统一、民族的团结,是我国顺利进行社会主义现代化建设的根本保证,也是实现公民的政治权利和其他权利的重要保证。因此,每个中国公民,都应当把自己的命运与国家盛衰、民族兴亡紧密联系在一起,自觉地履行维护国家统一和民族团结的义务。

遵守宪法和法律。宪法和法律是党的主张和人民意志相统一的体现,是公民根本的行为准则。遵守宪法和法律是我们应尽的义务。

维护国家安全、荣誉和利益。维护国家安全、荣誉和利益,是实现国家富强、民族振兴的重要保证,是公民爱国主义精神的具体表现,是每个公民义不容辞的职责。

服兵役和参加民兵组织。依照法律服兵役和参加民兵组织是公民的光荣义务。为了保卫祖国,我们要自觉履行这个义务。

想一想

公民履行政治性义务,应该做什么呢?

◇ 捍卫国家主权,与一切危害国家主权的行为作坚决的斗争;

◇ 严守国家秘密;

◇ 配合国家安全机关的工作,为国家安全机关执行工作任务提供协助和便利条件;
◇ 捍卫国家领土完整,坚决反对一切侵略、占领国家领土以及割让、出卖国家领土的行为;
◇ 反对任何企图西化、分化我国的行径;
◇ 捍卫国家政权,与颠覆国家政权和分裂国家政权的行为作坚决斗争;
◇ 发现危害国家安全行为应及时向国家安全机关或公安机关报告;
◇ 坚持民族平等,维护民族团结,坚持反对一切民族歧视、民族分裂行为;
◇ 努力维护国家安定、社会稳定的政治局面;
◇ 同一切损害国家利益的现象进行斗争;
◇ 增强民族自豪感、民族自尊心和民族自信心。

(1) 请你从维护国家统一和民族团结,维护国家安全、荣誉和利益等方面,对上述做法进行归类。

(2) 选择其中的两个方面,列举实例加以简要说明。

(3) 根据前面讲述的内容,以"公民依法享有哪些政治权利、必须履行哪些政治义务"为题,自制一张示意图。

二、参与政治生活要把握的基本原则

公民参与政治生活,依法行使政治权利,履行政治义务,要遵循以下基本原则:

其一,公民在法律面前一律平等的原则。我国宪法规定:"中华人民共和国公民在法律面前一律平等。"这是公民享有权利与履行义务必须遵循的一项重要原则,这项原则表明公民平等地享受权利、平等地履行义务、平等地适用法律。

任何公民都平等地享有宪法、法律规定的权利、同时必须平等地履行宪法、法律规定的义务。这就是说,公民虽然在民族、种族、性别、职业、家庭出身、宗教信仰、教育程度、财产状况、居住期限等方面存在差别,但在享有权利与履行义务方面一律平等。

任何公民的合法权利都受到保护。国家在依法保护公民的合法权利方面,对任何公民一律平等。任何公民的违法犯罪行为都会受到法律制裁。国家在依法实施处罚方面对任何公民一律平等,不允许任何人有超越宪法和法律的特权。

公民在行使政治自由权时,如果超越社会主义法制的轨道,将会导致什么后果?

其二,权利与义务统一的原则。在我国,公民的权利与义务是统一的,二者不可分离。权利与义务在法律关系上是相对应而存在的,权利与义务都是实现人民利益的手段和途径。公民在法律上既是权利的主体,又是义务的主体。权利的实现需要义务的履行,义务的履行确保权利的实现。

 **想一想**

在我国,公民的权利与义务具有统一性,二者相辅相成。一方面,国家保障公民充分享有和行使权利,使公民真正认识到自己是国家的主人,更加自觉地履行公民的义务;另一方面,公民自觉履行义务,必然促进社会主义事业的发展,为公民享有和行使权利创造更加有利的条件。因此,不能把公民的权利与义务对立起来。

观点一:没有无义务的权利,也没有无权利的义务。

观点二:权利与义务是完全对等的。

上述两种观点是否相同?说说你的理由。

根据权利与义务统一的原则,一方面,要树立权利意识,珍惜公民权利。我们既要依法行使自己的权利,又要尊重他人的权利。另一方面,我们也要树立义务意识,自觉履行公民义务。履行宪法和法律规定的义务,是每个公民对国家、社会和其他公民应尽的责任。只有履行一定的义务,才能获得相应的权利。

其三,个人利益与国家利益相结合的原则。在我国,国家、集体与公民个人的利益在根本上是一致的。我们要正确处理个人利益与集体利益、国家利益的关系,在行使公民权利与履行公民义务时,必须把国家利益、集体利益与个人利益结合起来。

我们要依法行使公民权利,积极履行公民义务,以维护国家利益。在我国,公民个人利益与国家利益在根本上是一致的,但在某些具体问题上也会产生一些矛盾。当个人利益与国家利益产生矛盾时,公民的个人利益必须服从国家利益,这是公民爱国的表现。

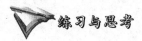 **练习与思考**

1. 读杨老师的选举故事,回答后面的问题:

对待政治生活的态度是公民的情感和价值观的体现。有人以热情的态度参与政治生活,有人以冷漠的甚至厌弃的态度拒绝政治生活。事实上,不管愿意还是不愿意,任何人都离不开政治生活。

年近70岁的杨老师保存着十几张选民证。选民证大小基本一致,每张证上都盖有"已选"的红色字样。这十几张选民证按照时间顺序摆放在桌上,令人仿佛看到了一段段历史的叠加。1953年的选民证,"选"、"证"两个字还是繁体。回想起自己第一次参加选举的情景,杨老师激动地说:"当时感到特别自豪,觉得自己完成了一件无比荣耀的大事。"1960年,他在投完自己那一票后,按照组织安排,捧着流动票箱去了医院,一个患病的选民将填好的选票,郑重地投入他手捧的票箱中。他至今还清晰地记得那庄严而神圣的一幕。1980年,杨老师匆匆赶往选举现场时已是晚间11时40分,但他还是赶上了投票的"末班车"。他说:"虽然我只是一个普通选民,但我不认为自己这一票是可有可无的。投出这一票,我感觉自己脚下的土地更加坚实。"参加1998年的选举,杨老师更加强烈地感觉到,选民们更加珍惜自己的民主权利,参政议政的意识明显增强了。

读了杨老师的选举故事,说说作为学生,我们应如何对待政治生活,怎样对待和行使自己的政治权利。

2. 回答问题:

(1) 我们国家的对内对外职能是什么?

(2) 为什么说我国的人民民主专政是一种新型的民主和新型的专政?

(3) 我国公民享有哪些政治权利?要履行哪些政治义务?如何以此为内容参与国家政治生活?

3. 辨析:

(1) 国家对任何人都是平等的,因此,作为国家机构的政府是一种公共权力。

(2) 我国是人民当家作主的社会主义国家,所有公民在一切方面一律平等。

4. 举例说明:

人民代表大会制度是适合我国国情的根本政治制度。

5. 活动建议:

(1) 调查了解学校所在地(区或镇)的人民代表大会及其行使国家权力的情况。

(2) 以班级为单位举行18岁成人宣誓活动,根据宪法对公民基本权利与义务的规定,表达一名成年公民的责任。

第七章 和谐的政党制度

新中国建立后,我国形成了中国共产党领导的多党合作和政治协商制度。经过半个多世纪的发展完善,这一政党制度呈现出鲜明的中国特色和显著的优越性。随着我国政治体制改革的不断深化,中国共产党领导的多党合作和政治协商制度,必将在社会主义民主政治建设中发挥更大的作用。

第一节 政党制度

现代国家,无论是资本主义国家还是社会主义国家,大都存在着政党,并且由政党在政治中起着主导作用。政府的组成和国家权力的行使,多是通过政党来实现的。因此,对政党和政党制度进行研究,是政治学中一项具有重要理论意义和现实意义的任务。

一、政党的含义

政党是当今世界较为普遍的一种社会政治现象。政党是代表一定阶级、阶层或社会集团的利益,通过执掌或参与国家政权以实现其纲领的政治组织。

政党有自己的纲领(党纲),以夺取、执掌或参与、干预和影响国家政权作为主要政治目标而展开活动。政党有一个稳定的领袖集团。政党有一定的组织和纪律。

政党是社会经济和阶级斗争发展到一定阶段的产物。政党,作为特殊的政治历史现象,不是与国家同时产生的,它是近代资本主义的产物。最早的政党是17世纪70年代英国资产阶级革命过程中形成的辉格党和托利党。孙中山于1894年建立兴中会,是中国资产阶级政党的开始。第一个领导无产阶级革命取得胜利并建立无产阶级专政的无产阶级政党是俄国社会民主工党中多数派布尔什维克,它是在列宁领导下于1903年建立的。中国无产阶级政党——中国共产党于1921年在上海成立。

议一议

什么是政党?政党的主要特征有哪些?政党产生的原因是什么?它在社会生活中的作用是什么?

二、政党制度的基本知识

政党制度(政党政治)是指法律规定或政治生活中形成的政党领导、参与国家政权或干预政治的制度。

人们通常把政党制度归纳为三种,即两党制、多党制、一党制。其中以两党制形成得最早,影响较大;其次是多党制,它流行于大多数资本主义国家;再次是一党制。

美国的两党制及其阶级局限性

所谓两党制度,指的是这样一种政治情况,即在一个国家之内,政治上存在着举足轻重而又势均力敌的两个政党,它们通过控制议会的多数席位或争夺总统选举中的胜利,用轮流上台的方式交替掌握政权。因此,实行两党制,并不是说这个国家只存在两个政党,而是指除了对立的两个政党外,其他小的政党在取得国家政权问题上不起决定作用或无足轻重。

两党制度最初产生于英国,后来推行于美国、加拿大、澳大利亚、新西兰等国家。

美国主要的政党有民主党、共和党、美国共产党、民主社会主义组织、绿党和三K党等,其中美国共产党、民主社会主义组织、绿党和三K党的力量都比较小,他们在美国政治舞台上还难以同民主党和共和党相匹敌。民主党正式建立于1828年。共和党正式建立于1854年。这两个党的组织机构大体是相同的。首先,两党都没有固定的政治纲领,总统的竞选纲领实际就是该党的纲领。其次,两党在组织上都很松散,没有固定的党员,作为党员的主要标志就是在选民登记时声明,选民宣布要选某党的候选人,该选民就是这个党的党员,不要办入党手续。一般情况下党员没有活动,只有在竞选时同党发生关系。因此,党员是临时性的,可以经常变换党籍,只有少数党员在一定时间内是固定的,他们称为职业党员,这些人要办一定入党手续,并担任职务。他们的任务主要是在选举时为本党支部候选人拉选票,通常称他们为党魁,党的组织为他们所控制。即使是这种党员,党籍也是可以经常变动的。

长期以来,两党相互攻击、指责,看起来势不两立,但实际上两党都是代表垄断资产阶级的利益,都得到垄断财团的支持。从历史上看,共和党往往得到东部财团的支持,而民主党往往得到南部财团的支持,而有些财团同时支持两党,以便控制、影响政治,无论哪一个党上台,都会对他们有好处。因此,无论民主党上台执政,还是共和党上台执政,都会代表垄断资产阶级的利益。两党轮流执政,只不过调节统治阶级内部矛盾,分散人们对政府的不满情绪,起到缓解矛盾的作用。

美国的两党制所标榜的资产阶级民主,其实就是民主党和共和党轮流执政,轮流为垄断资产阶级效劳,欺骗美国人民。1984年,美国著名漫画家汤默斯·纳斯画了一幅漫画,把民主党画为驴,把共和党画为象,用来讽刺民主党和共和党之间的竞选为马戏团的表演,后来民主党支部的党徽为驴,共和党的党徽为象。

第二节 我国的政党制度

一、中国共产党的领导地位

1. 中国共产党执政地位的确立是历史和人民的选择

在20世纪上半叶,中国出现了三种建国方案:第一种方案以北洋军阀之后的国民党统治集团为代表,主张实行地主买办阶级专政,继续走半殖民地半封建的道路;第二种方案以某些中间派或中间人士为代表主张建立资产阶级共和国,走独立发展资本主义的道路;第三种方案以中国共产党为代表,主张建立工人阶级为领导的、以工农联盟为基础的人民共和国,经过新民主主义走向社会主义。这三种方案在中国人民的实践中反复地受到检验,结果是:第一种方案被中国人民抛弃了,它的代表者的统治也被推翻了;第二种方案没有得到人民赞同,它的多数代表者后来也承认这个方案在中国无法实现;只有第三种方案赢得了包括民族资产阶级在内的最广大人民群众的拥护。

想一想

中国共产党的领导地位是如何确立的?

2. 中国共产党的性质

中国共产党是中国工人阶级的先锋队,同时是中国人民和中华民族的先锋队,是中国特色社会主义事业的领导核心,代表中国先进生产力的发展要求,代表中国先进文化的前进方向,代表中国最广大人民的根本利益。党的性质问题决定着党的前途和命运,决定着党的事业成败。

如何理解中国共产党的性质?

3. 中国共产党是中国社会主义事业的领导核心

中国近现代史证明,只有中国共产党的领导,才能够肩负起民族的希望,才能领导中国人民把历史推向前进。没有共产党,就没有新中国;没有共产党,就不能发展中国。这是历史的结论,这是人民的选择。正如邓小平所指出的:党离不开人民,人民也离不开党,这不是任何力量所能够改变的。

第一,只有坚持共产党领导,才能始终保持现代化建设的社会主义方向。中国共产党运用马克思主义的立场、观点和方法分析和解决现代化建设中出现的新情况、新问题,制定出符合中国国情的社会主义现代化建设的路线、方针和政策。

第二,只有坚持共产党领导,才能调动各方面的积极因素,搞好社会主义现代化建设。社会主义现代化建设,是全国人民的事业,只有依靠和充分发挥全国人民的智慧和积极性才能实现。中国共产党代表全体人民共同利益,同广大人民群众联系最密切,能够团结全体人民步调一致地奋斗。只有在中国共产党领导下,才能制定符合我国具体国情的正确的路线、方针、政策;才能进而调动和组织全国人民,克服前进中的种种困难,不断总结经验教训,努力实现社会主义现代化建设的宏伟目标。

第三,只有坚持共产党领导,才能为社会主义现代化建设创造稳定的社会环境。创造安定团结的社会政治局面,这是社会主义现代化建设必须具备的社会环境。而稳定的社会环境,只有在共产党的领导下才能实现。

第四,只有坚持共产党领导,才能实现祖国的统一。中国在社会主义现代化建设中面临一个特殊的历史任务,即实现祖国的统一。只有中国共产党能以全民族利益为重,以国家前途为重,高瞻远瞩地提出"一国两制",实现和平统一的构想,并积极采取措施,为海峡两岸统一创造各种条件。

在当代中国,为什么只有中国共产党,而没有别的政党能够领导和组织中国的现代化建设?

4. 新时代中国共产党的历史使命

在全面建成小康社会的决胜阶段、中国特色社会主义进入新时代的关键时期,中国共产党召开了第十九次代表大会。大会的主题是:不忘初心,牢记使命,高举中国特色社会主义伟大旗帜,决胜全面建成小康社会,夺取新时代中国特色社会主义伟大胜利,为实现中华民族伟大复兴的中国梦不懈奋斗。

这个初心和使命是为中国人民谋幸福,为中华民族谋复兴。它始终是激励中国共产党人不断前进的根本动力。

新时期要全面从严治党。

(1) 把全面从严治党纳入战略布局是英明抉择。

① 实现党的历史使命必须建设好伟大工程。党兴则国兴,党强则国强。只有坚持人民立场,以顽强的斗争精神,解决好自身存在的矛盾和问题,才能保持党的先进性和纯洁性,使我们党始终成为坚持和发展中国特色社会主义、实现中华民族伟大复兴当之无愧的坚强领导核心。

② 全面从严治党使我们党经历革命性锻造。全面从严治党是刀刃向内的自我革命。过去一个时期,市场经济的利益交换原则渗入党内政治生活,党的领导弱化、党的建设缺失、管党治党宽松软,党的观念淡漠、组织涣散、纪律松弛问题突出,不正之风和腐败现象严重侵蚀党的肌体,已经发展到了再不解决就可能江山变色,人民群众根本利益丧失,党和国家民族的前途命运重蹈苏东覆辙的地步。以习近平同志为核心的党中央以"得罪千百人、不负十三亿"的责任担当,挽狂澜于既倒、扶大厦之将倾,坚决整治解决人民群众反映最强烈、对党的长期执政威胁最大的问题,清除党和国家重大政治隐患,使我们党经受深刻洗礼而再铸辉煌,党和国家事业发生历史性变革,维护了人民根本利益,巩固了党的执政基础。

③ 探索党长期执政条件下自我净化的有效路径。坚持党内监督同人民群众监督有机结合,把自上而下组织监督和自下而上民主监督统一起来,发挥巡视监督利剑作用和派驻监督"探头"作用,实现党内监督全覆盖,及时发现问题、纠正政治偏差,确保党中央大政方针和决策部署落到实处。把党内监督同国家机关监督、民主监督、司法监督、群众监督、舆论监督贯通起来,作出深化国家监察体制改革的重大决策,健全党和国家监督体系,探索到自我净化、自我完善、自我革新、自我提高的有效途径。

④ 全面从严治党永远在路上,依然任重道远。在实现中华民族伟大复兴的漫漫征程上,"四大考验"和"四种危险"将始终考验着我们党,解决党自身存在的沉疴顽疾仅仅开了个头,反腐败压倒性态势虽已形成,但一些党员干部理想信念宗旨"总开关"尚未拧紧,党内政治生活不健康状况没有彻底扭转,政治生态"污染源"还未根除,反腐败斗争形势依然严峻复杂。全面从严治党是背水一战、没有退路,只能进攻向前,决不能停顿松懈,必须保持战略定力,不断增强全面从严治党的系统性、创造性、实效性,提高党的凝聚力、战斗力和领导力、号召力。

(2) 准确把握党的十九大全面从严治党战略部署。

① 坚持以习近平新时代中国特色社会主义思想和基本方略为指导。党的十九大把习近平新时代中国特色社会主义思想确立为党的指导思想,为在新的发展进程中管党兴党、治国理政提供了思想武器和行动指南。中国特色社会主义基本方略第一条和第十四条,阐释了坚持党对一切工作的领导和坚持全面从严治党,充分体现了党的领导、党的建设的引领和保证作用。建设好伟大工程必须与时俱进,用习近平新时代中国特色社会主义思想这一马克思主义中国化的最新理论成果武装头脑、指导实践,要牢牢把握坚持和加强党的领导和党的建设这个根本,坚持党要管党、全面从严治党,为实现"两个一百年"奋斗目标提供坚强保证。

② 紧紧抓住加强党的长期执政能力建设、先进性和纯洁性建设这条主线。执政能力建设、先进性和纯洁性建设是党的建设的永恒课题。党的十九大报告在执政能力建设前增加"长期"二字,更加凸显党长期执政、全面领导要经受的重大考验,凸显保持先进性和纯洁性对巩固党的执政地位的极端重要性。长期执政的考验将更加艰巨复杂,警示我们必须不断适应中国特色社会主义事业的新形势,时刻防止背离党的性质和宗旨的倾向,时刻防止不正之风和腐败的侵蚀,确保红色江山永不变色。

③ 全面推进党的建设总体布局。党的十九大针对近年来管党治党发现的突出问题,抓住党内政治生活不严肃不健康这个总根源,提出全面推进党的政治建设、思想建设、组织建设、作风建设、纪律建设,把制度建设贯穿其中,深入推进反腐败斗争的党建总体布局。把政治建设和纪律建设纳入这一布局,是党的十八大以来党的建设实践创新和理论创新成果。党的政治建设是党的根本性建设,决定党的建设的方向和效果;纪律建设是全面从严治党的治本之策,为其他各项建设提供规范和保障。党的建设是一项系统工程,要统筹推进、形成合力,不断提高质量和实效。

④ 建设勇于自我革命的马克思主义执政党。党的十九大报告明确提出,把党建设成为始终走在时代前列、人民衷心拥护、勇于自我革命、经得起各种风浪考验、朝气蓬勃的马克思主义执政党。这是党的建设总要求,集中体现了党的基本性质、根本宗旨、鲜明品格和精神风貌。勇于自我革命是核心要义,管党治党最终目的是为了兴党、建设党,使党自身朝气蓬勃,不断提高党的执政能力和治理水平,引领承载着中国人民伟大梦想的航船破浪前进,胜利驶向光辉的彼岸。

(3) 坚定不移全面从严治党。

① 坚定理想信念宗旨。党的十九大报告强调,要把坚定理想信念作为党的思想建设的首要任务。革命理想高于天,理想信念宗旨是指引共产党人前进的火炬和灯塔。坚定对马克思主义的信仰,坚定共产主义远大理想和中国特色社会主义共同理想,才能把好思想"总开关",经受住各种诱惑和考验。人民是我们党生存发展的土壤,人民对美好生活的向往就是党的奋斗目标。只要牢记根本宗旨,永远保持拳拳赤子之心,人民就会始终选择我们、认同我们、拥护我们。要用习近平新时代中国特色社会主义思想武装全党,推进"两学一做"学习教育常态化制度化,以县处级以上领导干部为重点,在全党开展"不忘初心、牢记使命"主题教育,坚定"四个自信",永葆共产党人政治本色,推动全党更加自觉地为实现党的历史使命不懈奋斗。

② 营造风清气正的良好政治生态。党是先进的政治组织,要紧紧抓住政治建设这个党的根本性建设,统领思想建设、组织建设、作风建设、纪律建设,推进制度建设,严肃党内政治生活。必须紧紧围绕坚持党中央权威和集中统一领导,把讲政治贯穿始终,确保全党在政治立场、政治方向、政治原则、政治道路上同党中央保持高度一致。承担起在各级党委政治建设的主体责任,严格执行新形势下党内政治生活若干准则,坚决纠正和查处违反政治纪律和政治规矩的"七个有之",坚决防止和反对个人主义、分散主义、自由主义、本位主义、好人主义,坚决防止和反对宗派主义、圈子文化、码头文化,坚决反对搞两面派、做两面人。同志关系应当清清爽爽、规规矩矩、老老实实,要弘扬忠诚老实、公道正派、实事求是、清正廉洁等价值观,把正确政治导向树起来,实现党内政治生态根本好转。

③ 坚持党管干部原则。政治路线确定之后，干部就是决定的因素。党的十九大报告明确要求，建设高素质专业化干部队伍。党的领导很重要的方面就体现在选对人、用好人上。党管干部，就是要坚持好干部标准，坚持党委选拔任用、教育培训、培养锻炼、监督管理干部。"管"要体现在日常，掌握干部思想工作生活状况，发现苗头性问题及时扯扯袖子、批评教育，校正干部成长的方向。要改进干部考察考核工作，掌握干部的日常表现，看组织交给每项工作的完成质量、遇到急难险重任务能否顶得上去，不能等到选任干部时考察一次，也不能到年终考核一回。要在坚持"三会一课"制度基础上，创新党组织活动方式，让党员干部在政治生活大熔炉中经受锤炼。

④ 持之以恒正风肃纪。党性决定党风。作风建设必须牢牢抓住保持党同人民群众的血肉联系这个根本。我们党来自人民、植根人民、服务人民，党员干部要不断增强对人民群众的感情，把党的群众路线化作扎扎实实为人民谋幸福的具体行动，体现在时时处处事事为群众所思所盼的奋斗之中。要提高做群众工作的本领，更好地懂得群众、凝聚群众、服务群众，实现好、维护好、发展好人民群众的利益。落实中央八项规定精神，要发扬钉钉子精神，一锤接着一锤敲，打赢作风建设持久战，决不能让享乐主义和奢靡之风卷土重来。要以更大力度整治形式主义和官僚主义，督促党员干部求真务实、埋头苦干，不浮躁、不浮夸，追求实实在在的工作业绩，以艰苦奋斗、崇尚实干的工作作风，以勤俭节约、崇尚清廉的家风，带动民风社风向善向上。

⑤ 全面加强纪律建设。党的十九大报告和新党章把纪律建设纳入党的建设总体布局，赋予有干部管理权限的党组相应纪律处分权限。权力就是责任，责任就要担当。各级党委、党组和领导干部既是党内监督的对象，也是管党治党的主力，不能当老好人，要扛起全面从严治党主体责任，拿起党的纪律武器，强化监督执纪问责，真管真严、敢管敢严、长管长严。要在新的形势下实践好惩前毖后、治病救人的一贯方针，运用监督执纪"四种形态"，治"病树"、正"歪树"、拔"烂树"，维护好"森林"。要在用好第一种形态上下更大功夫，开展经常性、针对性、主动性的纪律教育，使红脸出汗成为常态，让党员干部知敬畏、存戒惧、守底线，习惯在受监督和约束的环境中工作生活。

⑥ 夺取反腐败斗争压倒性胜利。反腐败斗争严峻复杂的形势没有变，党中央巩固压倒性态势、赢得压倒性胜利的决心坚如磐石。一个时期以来，领导干部被"围猎"和甘于"被围猎"的问题突出，有的国有企业领导人员为了个人仕途升迁搞利益输送；有的民营企业主在掌握经济权力后，谋求政治上的权力，"围猎"腐蚀党员领导干部，搞权钱交易，形成利益集团。要坚持无禁区、全覆盖、零容忍，坚持重遏制、强高压、长震慑，重点查处政治腐败和经济腐败相互交织的案件，不收敛不收手、群众反映强烈的领导干部，重点领域、关键环节的腐败问题。严厉整治群众身边的腐败，对胆敢向扶贫民生款物伸手的决不手软。推进反腐败国际追逃追赃，堵死腐败分子外逃之路。要坚决贯彻党中央决策部署，推进国家监察体制改革这一重大政治体制改革，抓紧将试点工作在全国推开，制定国家监察法，组建国家、省、市、县监察委员会，同党的纪律检查机关合署办公，加强党对反腐败工作的统一领导，实现对所有行使公权力的公职人员监察全覆盖。深化标本兼治，强化不敢腐的威慑，扎牢不能腐的笼子，增强不想腐的自觉，以反腐败永远在路上的坚韧和执着，确保党和国家的长治久安。

二、中国共产党领导的多党合作和政治协商制度

1. 中国共产党领导的多党合作和政治协商制度是我国的基本政治制度

中国共产党领导的多党合作与政治协商制度,是我国的政党制度,也是我国的基本政治制度。它是马克思列宁主义政党关系学说的基本原理同中国革命和建设的实际相结合的产物。同时,它也是中国共产党人吸取了各社会主义国家政治发展的成功经验和反面教训,并在长期的革命和建设中经过反复比较和选择,逐步确立的适合中国国情的社会主义政党制度。这一政党制度与西方资本主义国家的多党制或两党制有本质的区别,也不同于有的前社会主义国家(如苏联)曾经实行的一党制。

中国特色的社会主义政党制度包括以下三个方面内容:

第一,中国共产党处于领导地位,各民主党派拥护共产党的领导。

第二,中国共产党是执政党,各民主党派是参政党。

第三,中国共产党与民主党派是团结合作的友党关系,而不是互相竞争性的在朝党与在野党、执政党与反对党的关系。中国人民政治协商会议本来是共产党领导的爱国统一战线的组织形式,但共产党又通过它实现了同民主党派的合作政治协商,因而它又成为共产党领导的多党合作和政治协商的基本组织形式。

议一议

我国的多党合作和政治协商制度与资本主义政党制度的区别有哪些?为什么?

2. 我国政党制度的显著特点

我国政党制度的显著特点是:共产党领导、多党派合作,共产党执政、多党派参政,各民主党派不是在野党和反对党,而是与共产党亲密合作的参政党。

3. 中国共产党领导的多党合作和政治协商制度的实施方式

中国人民政治协商会议是我国最广泛的爱国统一战线组织,是中国共产党领导的多党合作的重要组织形式,是具有中国特色的社会主义政治体制的重要组成部分。

人民政协在我国政治生活中一直发挥着重要作用。现在,人民政协包括中国共产党、各民主党派、无党派人士、人民团体、各少数民族和各界代表、台湾同胞、港澳同胞和归国侨胞的代表以及特别邀请的人士,是我国各党派、各人民团体、各族各界人士参政议政、团结合作的重要场所,是中华民族大团结的象征。

人民政协的主要职能是政治协商、民主监督、参政议政。政治协商是对国家和地方的大政方针以及政治、经济、文化和社会生活中的重要问题进行协商。民主监督是对国家宪法、法律和法规的实施,重大方针政策的贯彻执行,国家机关及其工作人员的工作,通过建议和批评进行监督。参政议政是组织参加政协的各党派、团体和各族各界人士,以各种形式参与国家政治、经济、文化和社会生活。

人民政协设全国委员会和地方委员会,每届任期5年,每年举行一次全体会议。

4. 中国特色社会主义政党制度的特点

第一,坚持四项基本原则是中国共产党同各民主党派合作的政治基础。

中国共产党是国家政权的组织者和领导者,是社会主义事业的领导核心,因此,必须坚持中国共产党的领导。中国共产党对民主党派的领导是政治领导,是政治原则、政治方向和重大方针的领导。四项基本原则是我国立国之本,是改革开放和现代化建设的保证。坚持四项基本原则(即坚持社会主义道路、坚持人民民主专政、坚持中国共产党的领导、坚持马列主义毛泽东思想)是中国共产党同各民主党派合作的政治基础。以四项基本原则为基础,是我国多党合作制与西方多党制根本不同的重要标志。

第二,"长期共存,互相监督,肝胆相照,荣辱与共"是中国共产党同各民主党派合作的基本方针。

长期共存,是指共产党存在多久,民主党派就存在多久,一直要共存到将来社会的发展不需要政党的时候为止。互相监督,是指共产党可以监督民主党派,民主党派也可以监督共产党,但由于共产党居于领导地位,首先要请民主党派来监督自己。肝胆相照,是讲开诚相见。荣辱与共,是讲事业相同。

第三,宪法和法律是中国共产党和各民主党派活动的基本准则。

中国共产党和各民主党派都以宪法为根本活动准则,共同负有维护宪法尊严、保证宪法实施的职责。

5. 中国特色社会主义政党制度的优点

中国共产党领导的多党合作与政治协商制度的优越性,主要表现在:

第一,有利于加强和改善共产党的领导。

实行共产党领导的多党合作与政治协商制度,充分发挥民主党派的纽带作用,有利于对各民主党派所联系的那部分人加强思想工作,宣传贯彻党的路线、方针、政策,同时便于了解他们的特殊利益和要求,解决他们的困难,从而密切党同这部分人的联系,有利于加强和改善共产党的领导。

第二,有利于建设和发展社会主义民主。

共产党领导的多党合作与政治协商制度的实行,各民主党派以参政党的身份参加对国家大政方针的政治协商和国家事务的民主监督,在各个领域与共产党合作共事,可以更好地实现人民当家做主,推进国家政治生活民主化。

第三,有利于维护社会的长期稳定。稳定是社会发展的前提和目的。

只有在政治稳定、社会稳定、人心稳定的前提下,改革开放才能有条不紊地进行,社会发展才能实现预期的目标。在共产党领导的多党合作制下,国家大政方针主要是由共产党提出,民主党派也可提政策性建议,在民主协商后取得一致意见,这有利于保持政策的稳定和连贯性。

第四,有利于调动各方面积极因素,推进社会主义现代化建设。

各民主党派成员以及他们联系的那部分社会主义劳动者和爱国者,绝大多数是知识分子,具有较高的文化科技知识和丰富的实践经验,有强烈的爱国心和事业心,他们还联系不少港澳台同胞、海外侨胞和外国的知识分子,这就为扩大对外开放、进行国际经济文化技术交流创造有利条件。因此,多党合作可以把各方面人才的积极性调动起来,发挥他们的聪明才智,推动社会主义现代化建设。

第五,有利于"一国两制"的进展,实现我国的和平统一。

各民主党派具有广泛的海内外联系优势,他们可以通过各种渠道和方式,更多更好地宣传祖国的建设成就,增进大陆和港澳台之间的了解。有利于"一国两制"的进展,扩大爱国的统一战线,为实现我国的统一大业作出重大贡献。

阅读中国各民主党派和无党派人士的有关资料,回答后面的问题:

中国国民党革命委员会(简称民革)

1947年11月,中国国民党民主派和其他爱国民主人士第一次联合会议在香港举行。1948年1月1日,会议宣布中国国民党革命委员会正式成立。

民革以同原中国国民党有关系的人士、同民革有历史联系和社会联系的人士、同台湾各界有联系的人士以及其他人士为对象,着重吸收其中有代表性的中上层人士和中高级知识分子。

民革历任主席为李济深、何香凝、朱蕴山、王昆仑、屈武、朱学范、李沛瑶、何鲁丽。现任主席周铁农。

目前,民革在30个省、自治区、直辖市建立了组织,现有党员82 000多人。

中国民主同盟(简称民盟)

1941年3月19日在重庆秘密成立,当时名称是中国民主政团同盟。11月16日,张澜在重庆公开宣布中国民主政团同盟成立。1944年9月,中国民主政团同盟在重庆召开全国代表会议,决定将中国民主政团同盟改为中国民主同盟。

民盟主要由从事文化教育以及科学技术工作的高中级知识分子组成。

民盟历届主席为张澜、沈钧儒、杨明轩、史良、楚图南、费孝通、丁石孙。现任主席蒋树声。

目前,民盟在30个省、自治区、直辖市建立了组织,现有盟员184 400多人。

中国民主建国会(简称民建)

1945年12月16日,由爱国的民族工商业者和与其有联系的知识分子发起,在重庆成立。

民建主要由经济界人士组成。

民建历届领导人和主席为黄炎培、胡厥文、孙起孟、成思危。现任主席陈昌智。

目前,民建在30个省、自治区、直辖市建立了组织,现有成员109 000多人。

中国民主促进会(简称民进)

1945年12月30日,以文化教育出版界知识分子为主,还有一部分工商界爱国人士,在上海正式宣告成立。

民进主要由从事教育文化出版工作的高中级知识分子组成。

民进历届主席为马叙伦、周建人、叶圣陶、雷洁琼、许嘉璐。现任主席严隽琪。

目前,民进在29个省、自治区、直辖市建立了组织,现有会员103 000多人。

中国农工民主党(简称农工党)

1930年8月9日,国民党左派领导人邓演达在上海主持召开了第一次全国干部会议,成立中国国民党临时行动委员会,1935年11月10日改名为中华民族解放行动委员会,1947年2月3日改名为中国农工民主党。

农工党主要由医药卫生界高中级知识分子组成。

农工党历届领导人和主席为邓演达、黄琪翔、章伯钧、季方、周谷城、卢嘉锡、蒋正华。现任主席桑国卫。

目前,农工民主党在30个省、自治区、直辖市建立了组织,有成员102 000多人。

中国致公党(简称致公党)

1925年10月,由华侨社团发起,在美国旧金山成立。1947年5月,致公党在香港举行第三次代表大会,进行改组,成为一个新民主主义的政党。

致公党主要由归侨侨眷中的中上层人士组成。

致公党历任主席为陈其尤、黄鼎臣、董寅初、罗豪才。现任主席万钢。

目前,致公党在19个省、自治区、直辖市建立了组织,有党员28 000多人。

九三学社

1944年底,一批进步学者为争取抗战胜利和政治民主,继承和发扬五四运动的反帝爱国与民主科学精神,在重庆组织了民主科学座谈会。为纪念1945年9月3日抗日战争和世界反法西斯战争的伟大胜利,改建为九三学社。1946年5月4日,在重庆正式召开九三学社成立大会。

九三学社主要由科学技术界高中级知识分子组成。

九三学社历任主席为许德珩、周培源、吴阶平。现任主席韩启德。

目前,九三学社在30个省、自治区、直辖市建立了组织,现有成员105 000多人。

台湾民主自治同盟(简称台盟)

在台湾人民"二·二八"起义以后,由一部分从事爱国主义运动的台湾省人士于1947年11月12日在香港成立。

台盟由台湾省人士组成。

台盟历届主席为谢雪红、蔡啸、苏子蘅、蔡子民、张克辉。现任主席林文漪。1987年至1992年,台盟第四届中央委员会实行主席团制,主席团执行主席林盛中(1987—1988年)、蔡子民(1988—1992年)。

目前,台盟在13个省、直辖市建立了组织,现有成员2 100多人。

无党派人士

在新民主主义革命时期,一般称无党无派的知名人士为社会贤达。1949年中国人民政治协商会议成立后,专门设立了无党派民主人士界别。目前,把没有参加任何党派、对社会有积极贡献和一定影响的人士称为无党派人士,其主体是知识分子。

无党派代表人士主要有郭沫若、马寅初、巴金、缪云台、程思远等。

问题:

(1)民主党派是不是政党?无党派人士是不是党员?

(2)结合所学知识,说说各民主党派有何共同特点。

第八章 高效的国家管理

当一个国家确立了它统治的内容与形式(国体与政体)之后,怎样才能更有效地进行统治和管理,使国家权力的行使落到实处呢?尤其像我国这样一个统一的多民族国家,一个有着多种宗教信仰的国家,如何处理好民族问题和宗教问题更是关系到国家的统一和社会的稳定。因此,了解我国的国家结构形式,学习和掌握我国的民族政策和宗教政策是十分必要的。

第一节 国家的结构形式

一、我国实行单一制的国家结构形式

1. 国家结构形式及其类型

任何一个国家都在一定的领土范围内,对一定的居民行使国家权力。为了便于统治和管理,使国家权力落到实处,统治阶级都把国家划分为若干行政区域,设置若干级的国家机关,这就是国家结构形式的问题。国家结构形式是指国家的整体与部分、中央与地方之间的相互关系的构成模式。

国家产生之初,国家的结构形式比较单一,中央与地方没有较多的分级治理。奴隶制与封建制国家基本上是单一制的中央集权制形式。到了近现代,由于政治、经济、历史、民族等诸多因素的影响,国家结构呈现复杂化,产生了多种形式。

根据国家权力集中程度的不同,当代国家的结构形式可分为单一制和复合制两大类型。

单一制国家,是由若干行政区域构成的单一主权国家。其主要特点是:从法律体系看,全国只有一部宪法;从国家机构的组成看,全国只有一个立法机关,一个中央政府;从公民的国籍看,公民只有一种国籍;从中央与地方的权力划分看,全国按地域划分为若干行政区域,各行政区域接受中央政权机关的统一领导;从对外关系看,国家是一个完整的主权国家,中央政府统一行使外交权,地方政府不能代表国家行使外交权。

现在世界上大多数国家是单一制国家,如中国、法国、意大利、日本、匈牙利、波兰、蒙古等。

想一想

英国全称是"大不列颠及北爱尔兰联合王国",因而不是单一制国家。这种说法对吗?为什么?

复合制国家可分为联邦制和邦联制两种类型。在当代主要采取联邦制形式。

联邦制国家,是指由若干成员单位(共和国、州、邦等)组成的联盟国家。其主要特点是:从法律体系看,除有联邦的宪法外,联邦各组成部分也有自己的宪法;从国家机构的组成看,除有联邦中央政府外,联邦各组成部分也有自己的中央政权机关;从公民的国籍看,联邦公民同时也是联邦成员国公民;从对外关系看,联邦是国际交往的主体,但有的联邦制国家允许其成员国有某些外交权。

邦联制国家:指由若干享有独立主权的国家建立起来的国家联盟。其特点是:没有统一的宪法、法律和国籍;没有统一的国家元首、立法机关和行政机关;没有统一的军队等,只有协商或办事机构。

当今世界实行联邦制的国家有美国、德国、瑞士、俄罗斯、印度、缅甸、巴西等国家。

美国是实行联邦制的国家。美国于1776年宣告独立,当时有13个州。1787年制定的《美利坚合众国宪法》规定,国家的结构形式为联邦制。该宪法确定了联邦制国家的地位高于国家组成单位——州的原则,规定一切重大权力均属于联邦中央政府;联邦法律为国家的最高法律,各州法律不得与它相抵触;联邦法院的判决,其效力适用于全国,各州法律不得与它相抵触;联邦法院的判决,其效力适用于全国,各州政府、法院和公民均有遵守的义务;参加联邦的各州,可以根据联邦宪法制定本州宪法和法律,可以建立本州的立法、行政和司法机关,并在自己的管辖区内行使权力,领导下属各级政府。

后来,美国通过发动战争和强占、"购买"等手段不断向外扩张,并向这些新领土移民,这样就形成了新的州。到1959年,美国发展为拥有50个州的国家。

单一制国家和联邦制国家有什么区别?

2. 我国实行单一制的国家结构形式

截至2004年12月31日,全国县级以上行政区划共有:23个省,5个自治区,4个直辖市,2个特别行政区;50个地区(州、盟);661个市。这表明:我国是由若干行政区域组成的统一的主权国家,实行单一制的国家结构形式。

读一读

《中华人民共和国宪法》规定,中华人民共和国的行政区域划分如下:(1) 全国分为省、自治区、直辖市;(2) 省、自治区分为自治州、县、自治县、市;(3) 县、自治县分为乡、民族乡、镇。直辖市和较大的市分为区、县。自治州分为县、自治县、市。

我国采取了单一制的国家结构形式,这是由我国的历史传统、民族特点和社会主义制度的特点所制定的。

第一,我国有着实行单一制的悠久历史。自公元前 221 年秦始皇统一中国、建立单一的封建王朝开始,其后的两千多年历史中,我国虽经过国家的分与合等多种变故,但单一制的国家结构形式基本上是国家的主要结构形式。因此,在我国的历史上,有着统一的传统和实行单一制的渊源。

读一读

从秦始皇统一中国到清代,我国历经秦、汉、魏、晋、南北朝、隋、唐、宋、元、明、清等朝代的更替,其间,尽管出现过暂时分裂和割据的局面,如西晋末年"五胡十六国"大混战,唐王朝覆灭后形成的"五代十国"等状况,但所有地区性政权的统治者,都把统一中国作为己任。虽然有的地区性政权中央王朝管辖不到,但它们都自认为是中国的政权管辖的一部分。

第二,我国是以汉民族为主体、汉族与各少数民族杂居的国家。汉族占我国总人口的 90% 以上;随着历史的变迁,汉族与各兄弟民族杂居、各兄弟民族互相杂居的状况十分普遍。这些特点决定了我国以汉民族为主体,各民族互相帮助、互相团结的格局,为统一的单一制结构形式提供了条件。

第三,新中国的成立,彻底结束了帝国主义、封建主义和官僚资本主义在中国的统治,彻底废除了一切民族压迫制度,各民族之间建立起平等、团结、互助的社会主义新型关系。中国历史上出现了空前的国家大统一、民族大团结的局面。中华人民共和国已成为各民族人民平等团结、友爱合作的社会主义大家庭。这为实行统一的单一制国家结构形式奠定了基础。

二、我国单一制国家结构形式的特色

与其他实行单一制的国家相比,我国有自己的特色。民族区域自治制度和特别行政区制度,是我国单一制国家结构形式的特色。

民族区域自治制度将在本章的第二节专门讲解。

特别行政区制度是指在统一的主权国家范围内,实行与各省、自治区、直辖市不同的社会经济、政治、文化制度的地区。它是依据"一个国家,两种制度"的科学构想,对单一制的国家结构形式的重大创新。目前,我国已设立了两个特别行政区,1997 年 7 月 1 日

成立的香港特别行政区和1999年12月20日成立的澳门特别行政区。

特别行政区是"一国两制"的实现形式。

明朝嘉靖三十二年(1553年),葡萄牙殖民主义者用欺骗的手段,强占了澳门。鸦片战争后,英国殖民主义者通过与腐败无能的清王朝签订《南京条约》《北京条约》和《展拓香港界址专条》三个不平等条约,霸占了香港、九龙半岛,强租了新界,并在香港地区实行殖民统治。

国家统一是中国历史发展的主流,是中华民族的根本利益,是全中国人民包括台湾同胞、港澳同胞和海外侨胞的共同愿望。

"一个国家,两种制度",是我国实现祖国和平统一的基本方针。它是党和政府根据实事求是的原则,在尊重世界和中国的历史、现实的基础上,在考虑和平解决台湾问题、香港问题和澳门问题的过程中,逐步形成的。

为早日解决台湾问题,完成祖国统一大业,1979年元旦,全国人大常委会在《告台湾同胞书》中,第一次提出了中国政府实现祖国统一大业的大政方针。

1981年,叶剑英发表了关于台湾回归祖国、实现和平统一的九条方针政策的谈话。

1982年1月邓小平接见海外朋友时,第一次明确提出"一个国家,两种制度"的解决台湾问题、香港问题的构想。

1982年12月,第五届全国人民代表大会第五次会议通过的《中华人民共和国宪法》第31条规定:"国家在必要时得设立特别行政区。在特别行政区内实行的制度按照具体情况由全国人民代表大会以法律规定。"这为实行"一国两制"提供了法律依据。

按照"一国两制"的方针,1984年12月中英两国政府在北京正式签署了关于香港问题的联合声明。宣布中华人民共和国政府将于1997年7月1日对香港恢复行使主权。1987年4月中葡两国政府签署了关于澳门问题的联合声明。宣布中华人民共和国政府将于1999年12月20日对澳门恢复行使主权。

实行"一国两制"是否会影响我国的国家性质?

1. "一国两制"的含义和主要内容

"一个国家,两种制度",简称"一国两制",是指在一个中国的前提下,国家主体坚持社会主义制度,香港、澳门、台湾保留原有的资本主义制度。

"一国两制"的基本内容有以下三个方面：

第一，一个中国。"一国两制"的前提和基础是"一国"，即一个中国。世界上只有一个中国，台湾、香港、澳门都是中国不可分割的组成部分。在国际上代表中国的只能是中华人民共和国。

第二，两制并存。国家的主体是社会主义制度。在中华人民共和国内，大陆实行社会主义制度，香港、澳门、台湾保留原有的资本主义制度。两种制度将长期并存，互惠互利。

第三，高度自治。"一国两制"下设立的特别行政区享有高度的自治权。特别行政区是我国的地方行政区域。特别行政区除外交和国防事务属中央人民政府管理外，享有行政管理权、立法权、独立的司法权和终审权。此外，在国务院授权之下还可以在经济、文化等方面处理某些涉外事务。

第四，长期不变。按照"一国两制"构想，实现祖国统一后，在港澳台特别行政区保持原有的社会、经济制度不变，生活方式不变，法律基本不变。

2. "一国两制"的意义

"一国两制"构想和实践，是中华民族政治智慧的伟大创造，是建设中国特色社会主义的重大战略决策。这一构想不仅在解决香港问题和澳门问题时显示了强大的生命力，而且在世界范围内也产生了积极的反响。这一构想具有重大意义。

第一，"一国两制"是实现国家统一的最佳方案。和平统一、"一国两制"的方案，既适应了我国社会主义现代化建设的实际需要，也充分照顾到港澳台地区的历史和现实情况，同时也妥善照顾到一些有关国家在这里的投资和其他利益，避免了武力统一和"一国一制"可能造成的不良后果，因而是一种损失最小、最得人心的统一国家的最佳方案。按照"一国两制"实现祖国和平统一，符合中华民族根本利益。

第二，实行"一国两制"有利于我国社会主义现代化建设，又有利于香港、澳门、台湾地区的稳定、繁荣和发展。实行"一国两制"，加强内地与香港、澳门、台湾的交流合作，实现优势互补、共同发展。大陆可以通过港澳台引进先进技术、吸收外资。港澳台地区可以得到大陆充分的资源和广阔的市场，使经济不断发展。香港、澳门已经并将继续为国家现代化建设发挥重要作用，伟大祖国永远是香港、澳门繁荣稳定的坚强后盾。

第三，"一国两制"是对和平共处原则的创造性运用和发展。和平共处五项原则是中国外交的指导原则，也是国际上大多数国家公认的处理国与国之间相互关系的准则。邓小平说，处理国与国之间的关系，和平共处五项原则是最好的方式。当今世界，在新技术革命浪潮的推动下，各国经济互相联系、相互依赖的程度日趋加深，和平与发展成为当代的两大主题。尽管各种各样的矛盾和斗争依然存在，但用和平的、对话的方式解决争端的可能性大大加强了，不同社会制度的国家完全可以和平共处、共同发展。所以，邓小平说："根据中国自己的实践，我们提出'一个国家，两种制度'的办法来解决中国的统一问题，这也是一种和平共处。""一国两制"的构想，顺应了世界发展的潮流。

第四，"一国两制"丰富和发展了马克思主义的国家学说。"一国两制"允许在一个统一的主权国家内有两个不同性质的社会制度长期并存，突破了在一个国家内部只能允许一种社会制度及其相应的政权组织形式。正如邓小平所说的："以社会主义制度为主体的国家包含不同制度，马克思没有讲过这个问题，我们大胆地提了，如果不这样设想，绝不可能统一。"

第五，"一国两制"构想还为解决世界上国家间的历史遗留问题和国际争端找到了一条新路子，为当代国际上一些矛盾和争端的解决提供了有益的启示，从而为世界和平作出了贡献。当今世界，存在许多悬而未决的历史遗留问题，经常引起国家之间、民族之间的矛盾和冲突，对世界和平与稳定极为不利。中国一贯主张通过和平方式解决国际争端，反对以武力或以武力相威胁作为解决的手段。"一国两制"的构想，为解决这类问题提供了新的思路和方法，是邓小平对世界和平与稳定作出的重大贡献。

议一议

近年来，一些大陆居民中"赴港生子"渐成潮流，占用了很多香港医疗资源，引发香港居民的恐慌和不满。2012年2月1日，香港一家报纸出现一则题为"香港人，忍够了"的大幅广告，表达反内地孕妇赴港的立场。极少数港人借此发起抵制内地人的言行也时有所见。

面对极少数香港人对内地人的抵制，有人甚至认为，这是我国"一国两制"政策的结果，你的看法呢？

党的十九大报告中指出："必须把维护中央对香港、澳门特别行政区全面管治权和保障特别行政区高度自治权有机结合起来，确保'一国两制'方针不会变、不动摇，确保'一国两制'实践不变形、不走样。""一国"和"两制"关系的重新梳理，是以习近平同志为核心的党中央治港的重大宪制性特征。即"一国为体，两制为用"，"一国"是本体层面，包含国家的主权、安全和发展利益，而"两制"属于"用"，二者之间，本末应该清晰，不能倒置，这样才能呈现出全面准确的"一国两制"的法理本质。过去，在香港、澳门，特别是香港，有些人有个错觉，他只看到"两制"，而没有注意"一国"。包括特别行政区的高度自治权，这个权力是中央授予的，所以中央对香港、对澳门有全面管制权。

3. 解决台湾问题实现祖国完全统一

实现台湾与祖国大陆的和平统一，是包括台湾同胞在内的全体中国人民的共同心愿。而这一愿望的实现则有赖于全体中国人民的共同努力，2 300万台湾同胞更是责无旁贷。

读一读

台湾自古即属于中国，是中国神圣领土不可分割的一部分。台湾古称夷洲、琉球。中国人民早期开发台湾的时间可以上溯到一千多年以前。三国时吴人所著的《临海水土志》对此就有所著述。公元3世纪和7世纪，三国孙吴政权和隋朝政府都先后派万余人去台。进入17世纪以后，中国人民在台湾的开拓规模越来越大。至公元1893年(清光绪十九年)时，台湾总人口数已达到50.7万。

中国历代政府在台湾先后建立了行政机构，行使管辖权。早在公元12世纪中叶，宋朝政府即已派兵驻守澎湖，将澎湖地区划归福建泉州晋江管辖。元、明政府都在澎湖设有行政管理机构"巡检司"。1684年(清康熙二十三年)设"分巡台厦兵备道"及"台湾府"，隶属福建省管辖。此后,逐步在台湾扩增行政机构,加强对台湾的治理。1885年(清光绪十一年),清政府正式划台湾为单一行省,任刘铭传为首任巡抚。

17世纪初,荷兰殖民者侵入台湾。1662年2月,郑成功从荷兰殖民者手中收复了中国领土台湾。1840年鸦片战争后,西方列强逼迫中国开放通商口岸。19世纪60年代,台湾的部分地区相继开港。1874年4月,日军入侵台湾。1884—1885年中法战争期间,法军进攻台湾,战后法军被迫撤出。1894年(清光绪二十年),日本发动了侵略中国的"甲午战争"。翌年,清政府战败,在日本胁迫下签订丧权辱国的《马关条约》,割让台湾。此后,两岸中国人民为反对日本侵占台湾,进行了英勇不屈的斗争。

第二次世界大战期间,1943年12月1日,中、美、英三国签署的《开罗宣言》指出,"要使日本所窃取于中国之土地,例如满州、台湾、澎湖列岛等归还中国"。1945年7月26日,中、美、英三国(后苏联参加)签署的《波茨坦公告》又重申:"开罗宣言之条件必将实施。"同年8月15日,日本宣布投降。10月25日,同盟国中国战区台湾省受降仪式在台北举行,受降主官代表中国政府宣告:自即日起,台湾及澎湖列岛已正式重入中国版图,置于中国主权之下。至此,台湾、澎湖列岛重归于中国主权管辖之下。

1949年,国民党政府逃往台湾,将台湾与祖国大陆人为地分离开来。

坚持一个中国原则,是两岸关系和平发展的政治基础。世界上只有一个中国,大陆和台湾同属一个中国,中国的主权和领土完整不容分割。对任何旨在制造"台湾独立"、"两个中国"、"一中一台"的言行,我们都坚决反对。

"一国两制"是两岸统一的最佳方式。党和政府将遵循"和平统一、一国两制"的方针和现阶段发展两岸关系、推进祖国和平统一进程的八项主张,坚持一个中国原则决不动摇,争取和平统一的努力决不放弃,牢牢把握两岸关系和平发展的主题,真诚为两岸同胞谋福祉、为台海地区谋和平。两岸统一后,台湾可以保留原有的社会制度不变,高度自治。台湾同胞的生活方式不变,他们的切身利益将得到充分保障,永享太平。台湾经济问题将真正以祖国大陆为腹地,获得广阔的发展空间。台湾同胞可以同大陆同胞一道,行使管理国家的权利,共享伟大祖国在国际上的尊严和荣誉。

当前,"台独"分裂势力加紧进行分裂活动,严重危害两岸关系和平发展。两岸同胞要共同反对和遏制"台独"分裂活动。中国主权和领土完整不容分割。任何涉及中国主权和领土完整的问题,必须由包括台湾同胞在内的全中国人民共同决定。我们愿以最大诚意、尽最大努力实现两岸和平统一,绝不允许任何人以任何名义、任何方式把台湾从祖国分割出去。海内外中华儿女紧密团结、共同奋斗,祖国完全统一就一定能够实现。

党的十九大报告指出我们有坚定的意志、充分的信心、足够的能力挫败任何形式的台独分裂图谋,我们绝不允许任何人、任何组织、任何政党在任何时候以任何形式把任何一块中国领土从中国分裂出去。解决台湾问题,最重要的是让台湾同胞分享大陆发展的机遇。要创造条件,扩大海峡两岸的经济文化交流合作,实现互利互惠,逐步为台湾同胞在大陆学习、创业、就业、生活提供与大陆同胞同等的待遇,感受祖国大陆的善意,增加对他们的吸引力。让港澳台共享祖国复兴的荣光。

2017年是海峡两岸同胞打破隔绝状态开启交流交往30周年。30年来,两岸人员往来和经济、文化、社会联系达到前所未有的水平,为两岸关系缓和、改善与和平发展奠定了基础。两岸同胞在30年的交流交往中,既共同见证了两岸关系跌宕起伏的发展历程,也发生了许许多多令人难忘的故事。有这样一群人,他们是过去30年来两岸关系发展中的亲历者、推动者和见证者,仍在续写"两岸一家亲"的同胞亲情。台湾活悦康泉生物科技有限公司董事长,廊坊市瑞玛企业管理服务有限公司董事总经理,中华两岸企业资源整合协会会长,网络人称"丰盛大叔"。作为一名台湾"外省第二代",他人生中的黄金岁月几乎都在大陆度过,因赶上大陆改革开放的机遇,让原本平淡无奇的人生添加了不同的色彩,让当年不看好他来大陆发展的人如今都抱以美慕的眼光。因为与当初裹足不前不敢来大陆发展的台湾朋友比起来,今年48岁的"丰盛大叔"已经可以过上年轻健康的退休生活了,当一个人已无需为生活奔波,而是可以做自己喜欢做的事情的时候,人生才算真正的开始,在这改革开放的洪流中,将他这样的小人物如同"一叶扁舟"一样,带入了一场波澜壮阔的旅程,从而满载而归满是全心的感谢。

第二节 我国的民族政策

一、我国是统一的多民族国家

1. 民族及其基本特征

民族是一个历史范畴,是人类历史发展到一定阶段的产物。民族是历史上形成的有共同语言、共同地域、共同经济生活以及表现在共同文化上的共同心理素质的稳定的共同体。

人类之初,社会生产力极端低下,人类只能以血缘关系为纽带,结成氏族和部落,过着群居的生活。原始社会末期,生产力迅速发展,剩余产品开始增多,部落间的商品交换日益频繁,部落间以掠夺财富和奴隶为目的的战争也频频发生,部落之间逐渐走向联合,形成了部落联盟。部落联盟的出现,加强了各部落之间的联系,促进了相互融合,地域关系逐渐代替了血缘关系。经过漫长的发展,当构成民族的必备条件形成后,民族就产生了。

想一想

民族与氏族、种族、国家有什么区别?

共同语言、共同地域、共同经济生活、共同心理素质是民族的基本特征。

第一,共同语言。每一个民族都有自己的共同语言,以之作为所有成员进行经济、政治、思想文化活动和交往的工具。没有共同语言,就不是一个民族。但操同一种语言文字的并不都是一个民族,也有几个民族共用一种语言的情况,随着世界交往的增多,语言的趋同化十分迅猛。在我国,大部分民族在使用汉语的同时,都有自己的民族语言。

第二,共同地域。共同地域是指全民族生存、生活的自然环境。在共同地域内,人们从事生产,进行交往,形成了共同的生活方式和民族感情。民族和氏族部落的重要区别就在于人们在比较固定的共同地域内生活,人们之间的地域关系代替了血缘关系。没有共同的地域的自然条件,部落联盟就不会演进为民族。当然,并非居住在共同地域内的都是一个民族。由于人口的迁徙、流动,一个地域会出现若干不同的民族,但民族的主体部分一般仍然保持在共同地域。

第三,共同经济生活。共同经济生活是指民族内部的经济联系。人们在共同地域内经过长期的生产、交换活动,形成了自己的经济特点和经济关系。像我国维吾尔族人,吃烤羊肉、喝酥油茶,形成整个民族共同的经济生活特点。这种经济上的联系把人们牢固地联结为一个共同体。

第四,共同心理素质。共同心理素质是指一个民族的共同爱好、历史传统、风俗习惯、民族尊严等,主要表现在共同的民族文化和民族习俗方面。这是一个民族的社会经济发展、生活方式、地理环境、宗教信仰等方面在其精神面貌上的反映。共同心理素质是民族四个特征中最突出的,它具有极大的稳定性,可以跨越时间和空间的限制,是区别不同民族的最显著特征。

像张明敏演唱的《我的中国心》:"洋装虽然穿在身,我心依然是中国心……"歌词体现了在一个民族的发展过程中,尤其在改革开放的大潮下,即使共同的语言、共同的地域乃至共同的经济生活被打破,而共同的心理素质却能不断延伸,这是维系一个民族和发展的巨大力量。

民族的四个基本特征是互相联系、互相依存的。在民族形成过程中,共同地域和共同经济生活是首要的前提条件,为共同语言和共同心理素质的形成提供了地理空间和物质基础;共同语言和共同心理素质的形成又促进了共同地域和共同经济生活的发展。任何一个特征都不能离开其他特征而孤立地形成和发展。

2. 我国的民族概况

我国有56个民族。汉族人口约占全国总人口的92%,其他55个民族约占全国总人口的8%,合称少数民族。汉族和55个少数民族总称中华民族,中华民族是相对于外国民族而言的广义称谓。

我国各民族在长期的历史发展中,逐渐形成了以汉族为主体,大杂居、小聚居、交错杂居的分布特点。主要表现在:第一,在汉族集中地区杂居着许多少数民族;第二,在少数民族聚居地方,也多与汉族和其他民族交错杂居。

通过上网或民族分布图等查一查我国56个民族的名称及主要分布区域。

3. 我国各民族人民共同缔造了伟大的祖国

自秦始皇统一中国后,我国就开始形成了一个统一的多民族国家。中华人民共和国成立后,伟大的祖国达到了空前的统一和民族团结。

祖国统一大业是各族人民共同完成的。我国几千年的历史表明,统一是不可抗拒的历史发展主流,是各民族人民始终如一的共同愿望。虽然我国也出现过分裂、割据的局面,但那只是断断续续,总共也只有几百年的时间,而在更长的时间里,国家是统一的。对于祖国的统一,汉族起了重要作用,蒙古族、满族等民族也都作出了重要贡献。

公元13世纪,游牧民族蒙古族在北方草原形成。1271年,蒙古族建立元朝,并于1279年灭了南宋,统一了中国,以大都(北京)为京城,结束了自唐末以来三百多年的分裂割据局面,并在中华民族共同开发的辽阔疆土上,实行行省制度。在西藏始设宣慰使司都元帅府,又设立澎湖巡检司管理澎湖和台湾,首先把藏族和高山族纳入中央王朝施政范围。蒙古族为祖国的统一和发展作出了重大贡献。

公元17世纪,东北长白山地区狩猎民族满族崛起。1644年入山海关,建立清朝,入关前统一了包括库页岛在内的东北地区。清初,又统一了漠南蒙古(今内蒙古)、漠北喀尔喀蒙古(今蒙古人民共和国)和漠西厄鲁特蒙古(今新疆北部),并于1884年建立新疆行省。在西藏,清王朝先后册封达赖五世和班禅五世,确立"金瓶掣签"制度,并将活佛转世事宜正式纳入国家特定的管理法典之中。清王朝初期在台湾设立了台湾府,属福建省,1895年,清政府正式划台湾为单一行省,从而维护了国家的统一。

祖国的疆域和多种经济是各民族人民共同开拓和发展的。当汉族的祖先开发黄河流域时,各少数民族的祖先也开发了他们居住的广大地域。正是各个民族的开发、生产、生息,才使我们的祖国这样富饶、辽阔。

汉族的祖先开发黄河流域时,各少数民族的祖先也开发了他们居住的广大地区。黑

龙江和松花江流域的东北地区,是由现在的满、赫哲、鄂温克等民族的祖先开发的;西北新疆和青藏高原,是由维吾尔、哈萨克、柯尔克孜及藏族人民的祖先开发的;云南地区是由彝、白、傣、哈尼、景颇等民族开发的;广西地区,是由壮、布依、侗、水、瑶等民族的先民开发出来的;等等。正是由于祖国疆域的开发,才为统一的多民族国家的形成奠定了基础。

祖国灿烂的文化是各族人民共同创造的。我们伟大祖国是世界上最具光彩的文明古国之一。在创造祖国文明的历程中,各族人民都作出了贡献。56个民族绚丽多彩的文化总和,构成了博大精深的中华民族文化的全部内容。

藏族的《格萨尔王》、蒙古族的《江格尔》、维吾尔族的《幅乐智慧》等被称为中国文坛上的三大英雄史诗。有特色的民族乐器如笛、胡琴、琵琶、箜篌、马头琴等已成为中华民族的传统乐器。闻名中外的敦煌、云岗、龙门石窟等,就是由汉族、吐蕃以及西域各族艺术家和劳动人民共同创造的。《农桑衣食撮要》《万年历》《割圆密率捷法》等都是由少数民族科学家撰写的。

各族人民奋勇抵御殖民主义侵略,共同保卫了祖国的边疆。鸦片战争以后,中国面临着被殖民主义分割肢解的危难。各民族人民充分发扬了爱国主义精神,与侵略者进行了艰苦卓绝的斗争,粉碎了殖民主义妄图瓜分、灭亡中国的阴谋,保卫了国家主权和领土完整。

新疆、西藏各族人民与沙俄、英国侵略者进行了长期的顽强斗争,给予侵略者以沉重的打击。生活在台湾的高山族和汉族人民一起,同日本侵略者进行了长达半世纪的斗争。

中华人民共和国是各民族人民共同创立的。在近代,各少数民族和汉族广大群众一起与清王朝封建统治者展开了不屈不挠的斗争。各族人民积极参加孙中山领导的民主革命,推翻了封建王朝。中国共产党成立后,各族人民在中国共产党的领导下,经过艰苦卓绝的斗争,终于推翻了帝国主义、封建主义、官僚资本主义在中国的统治,建立了中华人民共和国。从此,各族人民成为国家的主人。

在中国共产党的领导下,各民族人民积极参加了推翻帝国主义、封建主义和官僚资本主义统治的斗争。第一次革命战争就席卷了许多少数民族地区,参加这次斗争的就有蒙古、回、壮、满、朝鲜等许多民族;第二次国内革命战争时期,中国共产党领导各民族进行革命斗争,帮助少数民族建立革命政权和武装;抗日战争时期,东北有汉、满、朝鲜、蒙古、回、赫哲、鄂伦春等人民组成的抗日联军,海南岛有汉、黎、苗等族人民组成的琼崖纵队等;解放战争时期,全国各民族人民一起,与国民党反动派进行了英勇斗争,并取得了最后的胜利,建立了统一的多民族的社会主义国家。

二、我国处理民族问题的基本政策

改革和发展是我国当今社会的主旋律。党和政府提出的构建社会主义和谐社会的新要求,充分体现了全国各族人民的根本利益和共同愿望。我们要坚持"共同团结奋斗、共同繁荣发展"的主题,在发展中坚持"汉族离不开少数民族,少数民族离不开汉族,少数民族之间也相互离不开"的理念,不断地巩固和发展新型的社会主义民族关系,努力构建社会主义和谐社会,最终实现我国各民族的共同进步和繁荣。

1. 我国处理民族关系的基本原则

坚持民族平等、民族团结和各民族共同繁荣,是我国社会主义时期处理民族关系的基本原则。

民族平等,是民族关系和谐的基础。这是指各民族具有同等的地位,在政治、经济、文化等方面依法享有相同的权利,履行相同的义务。民族平等是马克思主义在民族问题上的基本观点。马克思主义认为,各个民族之间只有大小强弱、发展程度上的区别,而绝无优劣之分。无论哪个民族都对人类历史发展作出过贡献。

首先,各民族在政治权利、社会地位上实现了平等。我国56个民族,都是国家和社会的主人,都以平等的地位参加国家和本民族事务的管理。

读一读

少数民族参加各级人民代表大会,是实现民族平等和少数民族人民当家做主的最有效形式。在历届全国人民代表大会的代表中,少数民族代表所占名额的比例都高于同期在全国人口中所占的比例。在选举出的党的十七大代表中,少数民族代表人数242名,比十六大增加了12名,占十七大代表总人数的10.9%。为了进一步体现民族不分大小一律平等的原则,在全国政治协商会议中,每个民族都有自己的政协委员,以利于反映本民族的愿望。培养、使用民族干部,也是实现少数民族当家做主的重要措施。

其次,各民族在发展经济、文化方面享有平等的权利。新中国成立后,国家采取各项措施,帮助少数民族发展经济文化事业。

读一读

为了帮助少数民族地区经济发展,国家在政策上予以多方面照顾,如财政定额补贴、支持经济不发达地区发展资金、边境建设事业资助费、少数民族贫困地区温饱基金、民族教育补助等。

如近50年来,中央已在西藏投入700多亿元以推进西藏的发展。1994年以来,西藏生产总值年均增长达到12.6%,高于全国同期年均增长水平;第十一个五年计划期间,西藏生产总值先后突破300亿元、400亿元和500亿元大关。增长速度高于同期全国平均水平1.4个百分点。

再次,各民族都有使用和发展自己语言文字的平等权利,都有保持或改革自己风俗习惯的自由。

我国现在流通的人民币所有面额的票面上都印有蒙古、维吾尔、藏、壮四个少数民族的文字。中央人民广播电台和地方台每天用蒙古、藏、维吾尔、哈萨克、朝鲜等16种少数民族语言进行广播。

政府充分尊重少数民族的风俗习惯,为少数民族的传统节日规定了假日,对经营清真饮食有严格的规定,专门拨给一定数量的金银和其他原料,组织生产少数民族特殊需要的绸缎、靴帽、珠宝、玉器和金银首饰等生活日用品。

民族团结,是民族关系和谐的保障。这是指各民族在社会生活和交往中的和睦、友好和互助、联合的关系。在我国,由于削除了民族不平等的阶级根源,各民族之间建立了平等的关系,有着共同的根本利益。因此,各民族能够团结在祖国统一的大家庭内,共同维护国家的统一,促进国家的繁荣发展。

民族团结是社会安定、国家昌盛和民族进步繁荣的必要条件。中国的民族团结与国家统一有着内在的联系。为了维护民族团结,必须反对大民族主义和地方民族主义,要与极少数民族分裂分子进行斗争,要依法惩处煽动民族歧视的行为。维护祖国统一和各民族团结,是中华人民共和国各族人民的神圣职责和义务。

各民族共同繁荣,是指各民族在政治、经济、教育、科学、文化等方面都得到发展,民族素质得到提高。新中国成立后,在党和政府的帮助下,少数民族地区在经济、教育、科技、文化、体育、卫生等各方面获得了重大发展,各族人民的生活水平和质量有了很大的提高,民族素质得到不断提升。

民族平等、民族团结、各民族共同繁荣三项原则是相互联系、不可分割的。民族平等是实现民族团结的政治基础,没有民族平等就没有民族团结。民族平等和民族团结是实现各民族共同繁荣的前提条件,没有民族平等和团结,就不会实现共同繁荣。各民族的共同繁荣特别是经济的发展,又是民族平等、团结的物质保证,没有各民族的共同繁荣,最终会影响民族团结的巩固和民族平等的全面实现。我们要不断加强各民族人民的平等、互助、团结、合作,为全面实现小康社会而奋斗。

2. 民族区域自治

江泽民总书记在党的十五大报告中,曾把民族区域自治制度同人民代表大会制度、中国共产党领导的多党合作和政治协商制度一同表述为我国社会主义民主制度的三大形式。党的十七大从开创中国特色社会主义事业新局面的战略高度,对坚持和完善民族区域自治制度作了重要论述,并将"各民族共同团结奋斗、共同繁荣发展"这一民族工作主题写入党章。

这充分体现了党中央对民族问题的高度重视,对民族工作基本规律的深刻把握。

民族区域自治是党和国家用来解决我国民族问题的一项基本政策,也是国家基本的政治制度之一。民族区域自治就是在国家的统一领导下,各少数民族聚居的地方实行区域自治,设立自治机关,行使自治权,使少数民族人民当家做主,自己管理本自治地方的内部事务。

中国民族区域自治制度的确立经历了长时间的探索和实践。1947年,在中国共产党领导下,中国建立第一个省级少数民族自治地方——内蒙古自治区。1949年9月29日第一届中国人民政治协商会议通过的具有临时宪法作用的《中国人民政治协商会议共同纲领》,将民族区域自治制度确定为国家的一项基本政策和重要政治制度之一。1952年8月8日颁布的《中华人民共和国民族区域自治实施纲要》,对民族区域自治制度的实施作了全面规定。在1954年制定及以后修正颁布的《中华人民共和国宪法》中,都将民族区域自治作为国家的一项重要政治制度加以规定。1984年颁布的《中华人民共和国民族区域自治法》,对少数民族自治地方的政治、经济、文化等各方面的权利和义务作了系统的规定。中华人民共和国建立后相继成立了四个自治区:1955年10月,新疆维吾尔自治区成立;1958年3月,广西壮族自治区成立;1958年10月,宁夏回族自治区成立;1965年9月,西藏自治区成立。

确立和实行民族区域自治制度,是党和政府把马克思主义民族基本理论同我国民族问题实际相结合的重大成果,是符合中国国情的唯一正确选择。

第一,中国自秦汉以来,就是统一的多民族国家。从秦到清的两千多年中,虽然几经分合,但国家的统一始终是主流,中华各民族之间的政治、经济和文化交流不断加强,各民族对统一的中国有着强烈的认同感和向心力。到近现代,特别是在中国共产党领导下,各族人民为建立统一、民主的国家进行了长期斗争。这就为建立统一的、民族平等的新中国和民族区域自治奠定了历史条件和社会基础。

第二,我国民族状况有自己的特点。我国56个民族,人口数量上的差别较大,汉族人口占全国总人口的绝大多数,有的民族人口则不足一万。从分布特点来说,呈现"大杂居、小聚居"的状态。少数民族人口虽少,但分布地域很广。长期的经济文化联系,形成了各民族只适合合作互助、不适合分离的民族关系。这为实行民族区域自治提供了客观条件。

第三,我国各民族在长期斗争中形成了政治认同。一百多年来,共同抵御外敌、争取民族独立和解放的长期革命斗争中,各民族建立了休戚与共的亲密关系,形成了汉族离不开少数民族、少数民族离不开汉族、少数民族之间也相互离不开的政治认同,从而为实行民族区域自治奠定了坚实的政治基础。

民族区域自治制度,符合中国特色社会主义事业的发展要求和全国各族人民的根本利益,得到了各族人民的衷心拥护。60多年来,党和国家积极推进民族地区经济、政治、文化和社会事业建设,少数民族地区的面貌发生了历史性的巨大变化,民族区域自治制度焕发出蓬勃的生机与活力。

第一，实行民族区域自治制度，能够保障少数民族当家做主的权利，形成以自治民族为主、各民族共同管理本地区事务的政治局面。民族区域自治制度是建立在保证民族地方自治权的依法行使、保障少数民族合法权益基础上的，是实现少数民族当家做主、自主管理本民族内部事务的重要途径和制度保障。新中国成立后，党和国家在对少数民族进行科学识别的基础上，依据各地各少数民族聚居人口的多少和区域的大小，确定民族自治地方，建立人民民主政权，广大少数民族翻身解放，成为自己土地上的真正主人。民族区域自治制度的实施，从根本上保证了少数民族当家做主的权利，极大地激发了各族干部群众的主人翁意识，调动了他们为建设民族自治地方作贡献的积极性和创造性。

目前，我国已建立5个自治区、30个自治州、120个自治县(旗)。55个少数民族中，有44个民族实行了民族区域自治，实行区域自治的少数民族人口占少数民族总人口的71%，民族自治地方面积占全国总面积的64%。各民族自治地方依法成立了自治机关，并合理配备实行区域自治的民族和其他少数民族的人员，切实保障了自治机关内各民族的代表性。民族自治地方的自治区主席、自治州州长、自治县县长全部由实行民族区域自治的少数民族公民担任。同时，每个民族都有全国人大代表和全国政协委员，人口在百万以上的民族都有全国人大常委和全国政协常委。国家还采取多项措施，大量培养少数民族各级干部和各类科学技术、经营管理等专业人才，少数民族干部和专业人才队伍的数量已由建国初期的3万人发展到现在的290多万人，少数民族管理本民族事务的能力不断提高。

第二，实行民族区域自治制度，能够实现民族地区经济社会又好又快发展，不断提高各族人民群众的物质文化生活水平。加快少数民族和民族地区的发展，切实提高少数民族群众的生活水平，是我国民族区域自治制度的根本要求，是我们党的民族政策与其他一切剥削阶级民族政策的本质区别。新中国成立后，特别是从"一五"计划开始，国家在民族自治地方安排了一批重点建设项目，使原来一些发展程度较低的少数民族跨越几个社会发展阶段，与全国其他兄弟民族共同走上社会主义道路，并初步奠定了民族地区现代工业的基础，极大地解放和发展了民族地区的生产力，实现了中华民族发展史上最广泛、最深刻的社会变革。实践证明，民族区域自治制度有利于更好地实现党和国家的方针政策同本民族、本地区的实际相结合，采取适合民族特点的发展方式，推进少数民族和民族地区经济建设和各项社会事业的全面发展。

改革开放以来，国家进一步加大扶持力度，制定了一系列促进少数民族和民族地区发展的优惠政策，实施了西部大开发等重大战略，少数民族和民族地区经济社会已进入"跨

越式"发展的快车道,民族地区国内生产总值由1978年的324亿元增加到2006年的20 518亿元,增长了约63倍。"十一五"期间,民族地区(8省、自治区)生产总值年均增长13.1%,高于全国平均水平。"西气东输"、"西电东送"、青藏铁路等一大批重点工程开工建成。同时,国家大力发展少数民族地区的文化、教育、卫生等社会事业,少数民族群众的物质文化生活水平得到了全面提高。

第三,实行民族区域自治制度,能够增进各民族之间的交流交往,巩固和发展平等团结互助和谐的社会主义民族关系。民族区域自治制度始终强调坚持民族平等,加强民族团结,推动民族互助,促进民族和谐,有利于各民族人民把热爱祖国的情感与热爱本民族的情感有机地结合起来,为社会主义新型民族关系的建立、巩固和发展提供了有力保障。新中国成立后,党和国家通过民主改革和社会主义改造,建立民族自治政权,彻底废除了民族剥削与民族压迫制度,并始终致力于消除民族歧视和隔阂。

1951年中央政府发布指示,将历史遗留下来的歧视或侮辱少数民族的称谓、地名、碑碣、匾联等分别予以禁止、更改、封存和收管,先后组织了两次大规模的少数民族语言调查。到2003年底,已有22个少数民族使用28种本民族文字,全国有1万多所学校实行民族语、汉语"双语"教学。

同时,党和国家大力推进民族团结进步事业,在全社会广泛开展民族团结宣传教育和民族团结进步创建活动。民族自治地方的自治机关保障各少数民族都有按照传统风俗习惯生活、进行社会活动的权利和自由,提倡少数民族在衣食住行、婚丧嫁娶各方面实行科学、文明、健康的新习俗。在党和国家民族政策的正确指引下,"三个离不开"(即汉族离不开少数民族,少数民族离不开汉族,各少数民族之间也相互离不开)的思想观念深入人心,平等、团结、互助、和谐的社会主义新型民族关系不断得到巩固和发展。

彰显民族团结的国庆邮票

"五十六个民族,五十六枝花,五十六个民族是一家",这首歌唱出了我国13亿各民族儿女的心声。民族团结和睦相处是国家繁荣昌盛的根本保证,因此在我国发行的纪念建国邮票中,表现民族团结的比重很大。

截至2009年我国共发行纪念建国邮票19套118枚,其中表现民族团结的邮票就有63枚之多,占此类题材邮票的53%(不含同图的东北贴用票和小全张)。

第八章 高效的国家管理

纪念建国十年邮票

纪念建国五十年邮票

第四,实行民族区域自治制度,能够有效抵御境内外分裂势力的破坏和渗透,维护国家统一和领土完整。民族问题与国家统一、领土完整、边疆巩固和社会稳定密切相关。民族区域自治制度把国家的集中统一和民族的平等自主结合起来,既坚持了国家政治制度的权威性,又照顾到各少数民族的实际情况;既维护了少数民族的根本利益,又统筹兼顾到各少数民族的具体利益,能够有效地协调民族关系,化解民族矛盾,增强各族群众对中华民族的认同感和归属感。新中国成立以来,由于民族区域自治制度的成功实施,我国各民族形成了统一的国家意识和公民意识,自觉地把国家利益放在首位,有力地抵御了国内外分裂势力的破坏和渗透,保证了国家统一、领土完整、边疆稳固和社会安定。

想一想

民族区域自治与特别行政区有何异同?

第三节 我国的宗教政策

一、宗教的本质和作用

1. 世界三大宗教

当今世界上流行最广、影响最深的宗教主要是基督教、伊斯兰教和佛教,被称为三大宗教。这三大宗教都是在阶级社会产生以后形成的,对世界的政治、经济、历史、文化和风俗习惯等都产生了深远的影响,已流传到世界各国,拥有众多的信徒,成为世界性的宗教。

佛教于公元前6世纪—公元前5世纪首创于古印度,其创始人为乔达摩·悉达多,后称"释迦牟尼"。佛教起初流行于恒河流域,后渐渗入印度北部、西北部。佛教在后来的发展过程中分衍为小乘佛教和大乘佛教两个支系。现今世界佛教各派信徒约有3亿人,分布范围大致仍集中于亚洲,以东亚、东南亚和南亚次大陆为主。

基督教在大约公元1世纪中期产生于罗马帝国统治下的巴勒斯坦一带,脱胎于犹太教的一个支派。基督教信仰上帝,崇奉耶稣为"救世主"(希腊语称"基督",基督教由此得名)。基督教的经典为《圣经》,主要分三大派系:天主教、东正教、新教。从公元初年基督教创始之时起,经过千余年的传播,当前各种基督教徒几乎遍及全球,分布于150多个国家和地区,尤以欧洲、美洲最为集中。世界基督教徒约有19亿人。

伊斯兰教产生于公元7世纪时的阿拉伯半岛,由穆罕默德所创。伊斯兰教信仰唯一真神"安拉",奉穆罕默德为"安拉的使者",伊斯兰教徒称"穆斯林"(意为"皈服者")。伊斯兰教以麦加为宗教圣地和朝拜中心,以《古兰经》为宗教经典。全球伊斯兰教徒共有11亿人。

除了三大世界宗教以外，依然存在一些至今仍颇具影响的民族宗教和地区宗教，像中国的道教，日本的神道教，源于古代婆罗门教、至今仍信众如云的南亚印度教，流行于犹太人中的犹太教，创于古代波斯的拜火教，还有在一些后进民族中依然存在的原始的萨满教，等等。

2. 宗教的本质和作用

宗教是一种特殊的社会意识形态，是对人们现实生活的虚幻的反映，是一种唯心主义的颠倒了的世界观。宗教在其发展中，逐渐形成了宗教信仰、宗教感情及与之相适应的宗教组织、宗教设施、宗教教义、宗教教规、宗教仪式和专门神职人员，有众多的教徒。因此，在现实生活中，宗教是一种不可忽视的社会力量。

宗教并不是从来就有的，是人类社会发展到一定阶段、人类思维发展到一定水平而产生的。宗教产生于原始社会末期。

人类社会最初是没有宗教的，随着人类生活和意识的发展，人类的大脑和抽象思维也得到了发展，为宗教的产生提供了生理基础。而宗教得以产生的主要原因是原始社会的物质生活条件。原始人对大自然的种种变化无法解释，对自然界既恐惧又依赖。他们认为有一种超自然的力量，即神在主宰世界上的万事万物。山有山神，水有水神，日月星辰皆有神来支配。原始人根据他们的生活样式和需要来虚构神的世界和生活样式，规定了一套对神灵崇拜的仪式，来表现人与神灵之间的联系，讨好神灵，乞求他们多赐福，少降灾难。宗教就这样产生了。

宗教一经产生，就对社会生活各个方面产生了深远复杂的影响。在不同的历史时期，宗教有着不同的作用。在阶级社会中，宗教主要起着消极的作用。

第一，宗教是剥削阶级用来维护其统治的重要工具。一方面，他们宣扬"君权神授"，把自己说成是神的化身或代表，是依照天意统治人民，从而为其统治披上了"神圣"的外衣；另一方面，他们又利用宗教对劳苦大众进行奴化说教，宣扬人间的一切都是神的安排，"生死有命，富贵在天"是不可改变的，人们只能逆来顺受，不能反抗与斗争。宗教对劳动人民起了精神鸦片的作用。

古埃及的法老自称为王国的保护神——太阳神之子，统治权来自太阳神。巴比伦乌鲁克国王吉尔迦美什宣称自己是女神宁桑所生。日本神道教自称日本民族是"天皇民族"，天皇是天照大神的后裔，并且是它在人间的代表，皇统即神统。中世纪的欧洲，以罗马教皇为中心的天主教会和封建国家相互勾结,以维护其封建统治。中国没有国教,但佛教和道教曾成为中国封建社会的精神支柱。

第二,宗教充当了帝国主义对外侵略扩张和渗透的工具。帝国主义、殖民主义在向美洲、非洲、亚洲的侵略扩张中,宗教特别是基督教起着先锋的作用。

西欧封建统治者利用宗教发动过8次十字军东征,造成横尸遍野,赤地千里。公元15世纪后,欧洲殖民主义者向外扩张时还派出大批传教士到亚、非、美洲各地,并宣称"一个传教士抵得上一个营的军队"。在日本帝国主义侵略中国时,曾有100多名僧侣随军进行鼓动,几乎每个士兵身上都带有日本神社的护身符。

第三,宗教对认识和改造自然有着消极作用。宗教宣扬超自然的神主宰着自然界,人在自然界面前无能为力,只能祈祷神的恩赐。这种向神灵求助的思想,否定了改造世界的实践活动,从而削弱了人们认识自然、改造自然的积极性。

第四,宗教对科学的发展起着阻碍作用。科学和宗教是两种根本对立的思想体系。在历史上,一切与神学不符的思想和科学研究都被宗教视为异端邪说,对科学家进行残酷迫害,妄图用神学阻塞科学前进的道路。

在中世纪,天主教专门设立了宗教裁判所,对被教会认定为宣传"异端邪说"的人进行残酷迫害。西班牙医生塞尔维特发现了血液循环,认为"灵魂本身就是血液",被指控亵渎"灵魂不死"的神条而被烧死。亚力山大的女数学家希帕西娅被教徒野蛮地杀死,她的唯一"罪名"就是研究数学。举世闻名的物理学家伽利略,由于热心宣传哥白尼的学说,宣扬地球不是宇宙的中心,被宗教裁判所判处终身监禁,最后含冤病死。

但在一定的历史条件下和一定的范围内,宗教也起过一定的积极作用。

宗教曾是农民运动的旗帜,在中外历史上,都曾有被压迫的群众利用宗教形式和某些教义、口号,组织群众反抗统治者的斗争,对社会的发展起了一定的推动作用。

宗教对文化艺术的发展起过积极的作用。在历史上,宗教思想和宗教活动对于文学、音乐、舞蹈、绘画、雕塑、建筑都有广泛、深远的影响。

敦煌莫高窟的492个洞窟是随着佛教在中国的传播而陆续开凿的,集建筑、绘画、雕塑为一体,展现出我国古代艺术的灿烂辉煌。德国著名古典作曲家巴赫创作的以天主教仪式为音乐体裁的《b小调弥撒曲》仍是当今管风琴音乐中的精品。

宗教的一些教义、教规、宗教道德中的某些积极因素,在一定程度上,起着规范人们思想行为的作用。宗教关于不偷盗、不奸淫、不凶杀、不贪财、不抢劫、不妄语等戒律,平等爱人、救苦救难等慈悲精神,是虔诚教徒的行为规范,对抑制邪恶、稳定社会起了积极的作用。

二、我国的宗教状况和宗教政策

1. 我国的宗教状况

中国是个多宗教的国家。中国宗教徒信奉的主要有佛教、道教、伊斯兰教、天主教和基督教,合称为我国的五大宗教。另外,在我国一些少数民族中还流传着其他宗教。据不完全统计,中国现有各种宗教信徒一亿多人,宗教活动场所8.5万余处,宗教教职人员约30万人,宗教团体3 000多个。宗教团体还办有培养宗教教职人员的宗教院校74所。

佛教在中国已有2 000年历史。现在中国有佛教寺院1.3万余座,出家僧尼约20万人,其中藏语系佛教的喇嘛、尼姑约12万人,活佛1 700余人,寺院3 000余座;巴利语系佛教的比丘、长老近万人,寺院1 600余座。

道教产生于我国封建社会早期,有1 700多年的历史,它的渊源可追溯到原始宗教中的巫术和求长生的神仙方术。创始人是东汉张陵。道教奉老子为教祖,宣扬最根本的信仰是"道"。《道德经》是其主要经典。中国现有道教宫观1 500余座,乾道坤道2.5万余人。

伊斯兰教于公元7世纪传入中国。伊斯兰教为中国回族、维吾尔族等10个少数民族中的群众信仰。这些少数民族总人口约1 800万,现有清真寺3万余座,伊玛目、阿訇4万余人。

天主教自公元7世纪起几度传入中国,1840年鸦片战争后大规模传入。中国现有天主教徒约400万人,教职人员约4 000人,教堂、会所4 600余座。

基督教(新教)于公元19世纪初传入中国,并在鸦片战争后大规模传入。中国现有基督徒约1 000万人,教牧传道人员1.8万余人,教堂1.2万余座,简易活动场所(聚会点)2.5万余处。

新中国成立后,经过深刻的社会改造和宗教制度的改革,我国宗教状况已经发生了根本的变化。随着剥削阶级的消灭,宗教存在和发展的阶级根源已经基本消失。

在我国,宗教已成为教徒独立自主自办的事业。广大信教群众和不信教群众一样,都是国家和社会的主人,在政治、经济和社会生活的各个方面都享有平等的权利。

在我国,宗教组织已成为联系各自信教群众的爱国组织。这些爱国组织已成为党和政府团结宗教界人士和联系各自信教群众的桥梁。

在我国,广大信教群众是拥护社会主义制度的,是建设中国特色社会主义的积极力量。他们能够把爱教同爱国、爱社会主义制度结合起来,积极参加社会主义建设。

2. 我国的宗教政策

尊重和保护宗教信仰自由是我国一项长期的基本政策。我国宪法明确规定："中华人民共和国公民有宗教信仰自由。"宗教信仰自由，就是说：每个公民既有信仰宗教的自由，也有不信仰宗教的自由；有信仰这种宗教的自由，也有信仰那种宗教的自由；在同一宗教里面，有信仰这个教派的自由，也有信仰那个教派的自由；有过去不信教而现在信教的自由，也有过去信教而现在不信教的自由。

当然，在贯彻执行这项政策的过程中，在强调保障人们信教自由的同时，也应当强调保障人们有不信仰宗教的自由，这是同一问题的两个不可缺少的方面。任何强迫不信教的人信教的行为，如同强迫信教的人不信教一样，都是侵犯别人的信仰自由，因而都是极端错误和绝对不能容许的。

宪法规定：任何国家机关、社会团体和个人不得强制公民信仰宗教或不信仰宗教。宗教信仰自由政策的实质，就是要使宗教信仰问题成为公民个人自由选择的问题，成为公民个人的私事。

共青团员能否信仰宗教？

合理安排宗教活动的场所，是落实党的宗教政策，使宗教活动正常化的重要物质条件。

我国宪法规定：国家保护正常的宗教活动。

党的十八大以来，我们党全面贯彻党的宗教工作基本方针，按照"导"的总体要求，落实宗教信仰自由政策，坚持我国宗教中国化方向，充分发挥社会主义核心价值观的引领作用，切实维护宗教界的合法权益。

着力提高宗教工作的法治化水平，坚持"保护合法、制止非法、遏制极端、抵御渗透、打击犯罪"的原则，加强对涉及国家利益和社会公共利益的宗教事务的规范管理，加大对利用宗教危害国家安全、宣扬极端主义进行恐怖活动和破坏民族团结等行为的打击力度，确保了各种宗教活动在宪法和法律范围内有序开展，有力地促进了宗教关系的和谐。

2018年2月6日，中共中央政治局常委、国务院副总理汪洋走访在京的全国性宗教团体，向全国宗教界人士致以新春祝福。他强调，要全面贯彻党的宗教工作基本方针，坚持我国宗教中国化方向，积极引导宗教与社会主义社会相适应，团结广大宗教界人士和信

教群众为全面建成小康社会、实现中华民族伟大复兴的中国梦作出新贡献。

汪洋分别走访了中国佛教协会、中国道教协会、中国伊斯兰教协会以及中国天主教爱国会、主教团等在京的全国性宗教团体。他指出,党的十八大以来,以习近平同志为核心的党中央坚持和发展党的宗教工作理论方针政策,充分尊重和保护宗教信仰自由,提升宗教事务管理法治化水平,支持爱国宗教团体加强自身建设,宗教工作不断创新推进。各宗教团体发挥桥梁纽带作用,在维护社会稳定和民族团结、加强自身建设、参与公益慈善、开展对外交往等方面做了大量工作。事实充分证明,宗教界和广大信教群众是建设中国特色社会主义事业的积极力量。

汪洋强调,今年是贯彻党的十九大精神的开局之年。宗教界要认真学习贯彻习近平新时代中国特色社会主义思想和党的十九大精神,抓好全国宗教工作会议精神和新修订《宗教事务条例》的贯彻落实,继续弘扬爱国爱教优良传统,坚持我国宗教中国化方向,深入挖掘教义教规中符合时代进步要求的积极因素,团结引导广大宗教界人士和信教群众更加紧密地团结在党和政府周围。各级党委、政府要关心、支持宗教团体建设,帮助宗教团体和宗教界人士解决实际问题。

国家保护正常的宗教活动,绝不允许宗教干预国家行政、干预司法、干预学校教育和社会公共教育,绝不允许强迫任何人特别是18岁以下少年儿童入教、出家和到寺庙学经,绝不允许恢复已被废除的宗教封建特权和宗教压迫剥削制度,绝不允许利用宗教反对党的领导和社会主义制度,破坏国家统一和国内各民族之间的团结。

依法加强对宗教事务的管理。依法对宗教事务进行管理,是指政府对有关宗教的法律、法规和政策的贯彻实施进行行政管理和监督。依法管理宗教事务,是为了使宗教活动纳入法律、法规和政策的范围,这也符合各宗教的利益和信教群众的利益,有利于支持和鼓励宗教团体办好教务,加强自主管理。任何干涉或侵犯正当的宗教信仰、正常的宗教活动和宗教界的合法权益,都是法律、法规和政策所不允许的。一旦发生应当立即予以纠正,对触犯刑律的要依法处理。同时,要制止利用宗教进行的非法活动,抵御境外势力利用宗教进行的渗透,打击利用宗教进行的违法犯罪活动。

积极引导宗教与社会主义社会相适应。我国是社会主义国家,我国宗教是在社会主义条件下存在和活动的,必须与社会主义社会相适应。这既是社会主义社会对我国宗教的客观要求,也是我国各宗教自身存在的客观要求。积极引导宗教与社会主义社会相适应,不是要求宗教界人士和信教群众放弃宗教信仰,而是要求他们热爱祖国,拥护社会主义制度,拥护共产党的领导,遵守国家的法律、法规和方针政策;要求他们从事的宗教活动要服从和服务于国家的最高利益和民族的整体利益;支持他们努力对宗教教义作出符合社会进步要求的阐释;支持他们与各族人民一道反对一切利用宗教进行危害社会主义祖国和人民利益的非法活动,为民族团结、社会发展和祖国统一多作贡献。要鼓励和支持宗教界继续发扬爱国爱教、团结进步、服务社会的优良传统,在积极与社会主义社会相适应方面不断迈出新的步伐。

坚持独立自主自办原则。我国宪法规定:"宗教团体和宗教事务不受外国势力的支配。"任何境外组织和个人不得干预我国的宗教事务。独立自主、自办教会原则是国家主权在宗教事务上的具体体现。国家支持宗教界在独立自主、平等友好、互相尊重的基础上开展宗教方面的国际友好往来。

3. 实行宗教信仰自由政策的意义

党的宗教政策,决不是临时性的权宜之计,而是建立在马克思列宁主义、毛泽东思想的科学理论基础之上的,以团结全国各族人民共同建设社会主义现代化强国为目标的战略规定。

第一,实行宗教信仰自由政策,有利于正确认识和处理我国的宗教问题。宗教在我国已经流传了一两千年,社会主义时期宗教的状况虽然发生了深刻的变化,但宗教存在的认识根源和社会根源并没有彻底消除。从宗教的特点来看,宗教信仰属于思想认识问题,世界观的问题,而思想认识和世界观的转变,必须通过本人自觉努力才能实现。因此,对宗教只能因势利导,采取宗教信仰自由的政策。同时,通过社会主义的经济、文化和科学技术事业的逐步发展,通过社会主义物质文明和精神文明的逐步发展,逐步地消除宗教得以存在的社会根源和认识根源。

第二,实行宗教信仰自由政策,有利于团结信教群众共同致力于社会主义现代化建设。我国信教群众超过1亿人,从某种意义上说,正确对待宗教的问题,也就是正确对待群众的问题,全面贯彻宗教信仰自由政策,才有利于团结群众。把信教群众和不信教群众联合起来,把他们的意志和力量集中到建设现代化的社会主义强国这个共同目标上来,正是我国实行宗教信仰自由政策的出发点和落脚点。

第三,实行宗教信仰自由政策,有利于民族团结和国家统一。民族和宗教是属于不同性质的概念,包含不同的内容。但是民族和宗教又有密切联系。从我国实际情况来看,所有的民族都有宗教信仰,有些民族几乎全民族信仰一种宗教,宗教信仰与某些少数民族的发展、风俗习惯、思想感情紧密结合在一起。宗教还在一定程度上反映了一个民族的文化,有些民族的古代传统文化集中反映在宗教上,宗教界人士往往同时是该民族的知识分子。因此,增强民族团结,除必须贯彻民族政策外,还必须正确执行和贯彻宗教信仰自由政策,尊重少数民族的宗教信仰和风俗习惯。因此,实行宗教信仰自由政策,尊重少数民族的宗教信仰,有利于全国各族人民的团结和全国的统一。

三、反对邪教和封建迷信活动

1. 宗教与邪教的本质区别

当今世界,邪教已成为威胁人类自身安全和阻碍社会发展的一大社会因素。近20年来,我国经济建设取得了瞩目成就,但邪教在我国出现并从事非法活动,严重威胁着人民群众的身心健康、社会的稳定和发展,已成为社会关注的问题。

邪教的"教"并不是指宗教的"教",而是指一类邪恶的说教、邪恶的势力。"邪教组织",是指冒用宗教、气功或者其他名义建立,神化首要分子,利用制造、散布迷信邪说等手段蛊惑、蒙骗他人,发展、控制成员,危害社会的非法组织。秘密结社、教主崇拜、编造邪说、精神控制、敛取钱财、危害社会是邪教组织的六大特征。

古今中外,所有的邪教组织都打着宗教的旗号,但邪教与宗教却有着本质的区别。

第一,宗教中的人、神都是有区别的,其中教职人员地位再高,也不得自称为神;但邪教主总自称为神、佛。

第二,宗教活动是在登记开放的宗教活动场所内公开举行的;而邪教则多进行隐秘的活动。

第三,宗教虽然是唯心主义颠倒了的世界观,但主张与社会相适应;而邪教则反人类、反社会。

第四,宗教不允许神职人员骗人钱财;而邪教的目的却是大肆掠夺人们的钱财。

第五,宗教有自己的典籍和教义;而邪教所谓的教义却是纯粹的歪理邪说。

我们要构建社会主义和谐社会,全面建设小康社会,就必须崇尚科学,反对邪教,铲除邪教。

我国《刑法》第300条规定:组织和利用会道门、邪教组织或者利用迷信破坏国家法律、行政法规实施的,处3年以上7年以下有期徒刑;情节特别严重的,处七年以上有期徒刑。

2. 宗教活动与封建迷信活动的区别

迷信泛指对人或事物的盲目信仰或崇拜。在我国历史上,如卜筮、相术、看风水、算命、拆字、招魂、圆梦等大多产生或流行于封建社会,习惯上称为封建迷信。宗教信仰与迷信从认识论上的确有共同之处,它们都相信和崇拜神灵或超自然力量。但是迷信不属于宗教范畴。

第一,宗教是一种社会意识形态,是人们的一种世界观。宗教一般都有自己的教义教规,有严格的宗教仪式,有相对固定的宗教活动场所,有严密的宗教组织和宗教制度。而封建迷信既没有共同一致的崇拜物,也没有既定的宗旨、规定或仪式,也不会有共同的活动场所。封建迷信如看相、算命、卜卦、抽签、拆字、圆梦、降仙、看风水等活动不过是一种骗人的伎俩。迷信职业者不过是利用这些活动骗人钱财,作为一种谋生的手段。例如看相,群众去看相也只是为了预卜前途命运,并不是把它作为自己的世界观。

第二,宗教是一种文化现象。宗教在其形成和发展过程中不断吸收人类的各种思想文化,与政治、哲学、法律、文化包括文学、诗歌、建筑、艺术、绘画、雕塑、音乐、道德等意识形式相互渗透、相互包容,成为世界丰富文化的组成部分。而封建迷信始终是一种腐朽没落的东西。

第三,宗教有依法成立的社会组织,依法进行管理,开展规范的宗教活动。在国家法律范围内,宗教组织正常的宗教活动和社会公益事业都受到保护。而封建迷信只是少数迷信职业者图财害命的骗术,某些迷信组织更是藏污纳垢、残害群众,甚至是从事违法犯罪活动的场所。

3. 反对邪教和封建迷信活动,构建和谐社会

我国是社会主义国家,以马克思列宁主义、毛泽东思想、邓小平理论和"三个代表"重要思想为指导的社会主义精神文明建设是社会主义现代化建设的重要目标之一。对全体人民进行科学世界观的教育,进行无神论的宣传教育,抵制和反对各种迷信活动,形成文

明、健康、崇尚科学的社会风尚,是社会主义精神文明建设的一项重要任务。对青少年学生进行科学世界观的教育,宣传无神论,反对迷信,是学校德育工作的重要内容。

科学的进展,新科技的萌发,都是我们新时代的标志。科学是我们破除迷信、反对邪教最有力的武器。让我们铭记胡锦涛在"八荣八耻"论述中提出的"以崇尚科学为荣、以愚昧无知为耻"的要求,并以之指导行动,在全社会形成知荣辱、树新风的大好局面,携手并肩,共同构建和谐社会。

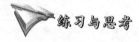

练习与思考

[材料一] 2009年7月5日,新疆乌鲁木齐市发生打砸抢烧严重暴力犯罪事件。境内外势力千方百计煽动不明真相的群众,冲击学校、商店、政府部门等和攻击各族群众,造成了严重的人员伤亡和经济损失;至今,此事件仍给新疆旅游事业和经济发展带来了不少负面影响。

[材料二] 新疆的历史和现实雄辩地证明,没有稳定就没有发展,就没有新疆各民族的幸福生活。事件后,党中央和国务院高度重视,多次强调,我们要坚持打击民族分裂分子和破坏分子,维护各族群众的利益;坚持民族政策和宗教政策,尽快安定新疆发展所需的稳定局面,团结一致实现新疆各族共同繁荣共同发展;要加强各级学校的民族教育,提升中华民族认同感和凝聚力。

思考:
(1) 分析我国处理民族关系的基本原则和基本政策。
(2) 结合本课有关内容和国际国内的实际,谈谈你对民族团结重要性的认识。

第九章 务实的中国外交

随着经济的发展和科技的进步,各国之间的联系日益密切,相互依存的程度越来越强。由于各个国家的国家性质和追求的国家利益不同,执行的外交政策也各不相同,不同的国际组织也在国际舞台上扮演着各个角色,国际社会依旧存在着种种矛盾,我们今天处在一个国际形势不断变化的时代。作为 21 世纪的青年学生应当了解当今国际社会的现状,认清当今世界的主题和国际关系发展的趋势,坚持从中国人民的根本利益和各国人民的共同利益出发,正确处理面临的各种国际问题。

第一节 当代国际社会

一、国际社会的成员:主权国家和国际组织

当代国际社会犹如一个盛大的舞台,各种角色不断登台表演,发挥着不同的作用,而这些活跃在国际舞台上的角色性质各不相同,对国际社会的影响也各不相同。他们被我们统称为国际行为主体,他们之间的相互联系和相互作用构成了当今世界一幅幅色彩斑斓的画卷。

国际行为主体是能够独立参与国际事务,并且能独立行使国际权利、承担国际责任与义务的实体。它主要包括主权国家和国际组织。其中主权国家是最基本和最重要的国际行为主体;世界组织是又一重要的行为主体,联合国是最大的普遍性的国际组织。

当代国际社会中,主权国家占据着支配地位,国际组织作为主权国家的派生物,也在国际舞台上扮演着重要角色。此外,还有一些区域因不具有国际社会承认的主权,而被称为地区。

1. 主权国家

在当代国际社会中,主权国家是最基本的成员,是国际关系的主要参加者。主权国家具有不同的性质,而且经济政治发展的程度也各不相同。美国是当今唯一的超级大国。英国、德国、法国、日本等国家因为经济政治相对发达,被称为发达国家。而还有一些国家由于在经济等方面和发达国家有一定的差距被称为发展中国家,如大部分亚洲(包括中国)、非洲、拉丁美洲等国家都是发展中国家。

主权国家是政治国家和民族国家统合体,是国际社会的最基本单位和实体,是国际事务的重要参与者。

作为国际社会最基本的主权国家,必须具备四个基本要素:固定的领土,定居的居民,统一的政权,国家主权。

固定的领土包括国家的领土、领海、领空。领土是一个国家居民生存和发展的依托，是国家主权活动的空间。没有领土，国家就失去了存在的依据。

定居的居民。一定数量的居民是国家的基本要素。世界上没有一个无人口的国家。经常在不同国家迁徙的人群不能成为主权国家的构成要素。

统一的政权，就是我们常说的政府组织。它是国家的组织形式，是行使国家对内对外职能的机构。没有政权的国家是不存在的。

国家主权。这是一个国家独立地处理自己的对内对外事务的最高权力。

人口、领土、政权和主权是构成主权国家的基本要素，其中最重要的是主权。主权作为国家统一而不可分割的最高权力，是一个国家的生命和灵魂。

 想一想

国家主权有两个方面的特性：一是对内表现，即国家最高权力的至高无上性；二是对外表现，即国家最高权力的独立性。两个特征紧密相连：只有对内最高和对外独立二者紧密结合，国家才真正拥有主权。

想一想：

（1）殖民地是否具有独立的主权？请说说理由。

（2）你认为现在的伊拉克是一个拥有独立主权的国家吗？为什么？

主权国家在国际社会中享有以下几个方面的基本权利。

（1）独立权。主权国家拥有按照自己的意志处理内政、外交事务而不受他国控制和干涉的权利。

独立权包括政治上的独立和经济上的独立。独立权表现在一国可以自由修改宪法、变更政体、确定经济体制、缔结条约、进行自卫战争等。

（2）平等权。指一切国家不论大小、强弱，也不论政治、经济、意识形态和社会制度有何差异，在国际法上的地位一律平等。

平等权表现在每一个国家在国际会议上享有一个投票权，任何国家都不得以任何方式强迫他国接受自己的意志；在外交上有使用本国文字的权利。

（3）自卫权。指国家为了保卫自己生存和独立的权利。主要包括防御权和自卫权两方面。

自卫权的主要内容有：防御，即国家使用自己的一切力量进行国防建设，如建立军队、建筑要塞等，以防外来的侵犯；自卫，即当国家受到外国攻击时有权进行自卫等。

（4）管辖权。指国家对其领域内的一切人、物和事件具有管辖权。管辖权是国家主权的具体体现。

管辖权对公民的管理和保护包括了居住国外的侨民，对物的管理包括了驻外使馆等。

在当代国际社会中，享有独立权、平等权、自卫权、管辖权等基本权利的主权国家，也都应履行不侵犯别国、不干涉他国内政、以和平方式解决国际争端的义务。

2. 国际组织

在当代国际社会中,一些国家、地区和民间团体,出于各种特定的目的,通过签订条约或协议的方式,建立了有一定规章制度的团体。这就是国际组织。国际组织也是国际社会的主要成员。国际组织的主要机构、职权、活动程序以及成员单位的权利与义务,都以正式条约和协约为依据。

国际组织的种类很多,规模不一。我们比较熟悉的国际组织有联合国、欧洲联盟、国际奥林匹克委员会、东南亚国家联盟、非洲联盟等。根据不同的标准可分为不同的类型:有政府间的组织和非政府间的组织;有世界性的组织和区域性的组织。

各个国际组织宗旨各不相同,职能各异,性质和作用也不相同,对每个国际组织的作用要做具体分析。有的国际组织受某些大国控制。许多政府间的国际组织在国际社会中发挥着重要作用:促进国家之间的政治、经济、文化、科学技术的交流和合作;协调国际政治、经济关系;调节国际争端,缓解国家间的矛盾,维护世界和平;等等。

3. 联合国

联合国是世界人民反法西斯斗争取得胜利的产物,已经走过了60余年历程。今天,联合国已经成为当代国际社会最具代表性的世界性、政府间的国际组织。

联合国创建于世界反法西斯战争胜利的凯歌声中。联合国这一名称是美国总统罗斯福提出的,1942年1月1日,正在对德国、意大利、日本法西斯作战的中国、美国、英国、苏联等26国代表在华盛顿发表了《联合国家宣言》。1945年4月25日,来自50个国家的代表在美国旧金山召开联合国国际组织会议。6月26日,50个国家的代表签署了《联合国宪章》,后又有波兰补签。同年10月24日,中、法、苏、英、美和其他多数签字国递交了批准书后,宪章开始生效,联合国正式成立。1947年,联合国大会决定,10月24日为联合国日。1946年1月10日至2月14日,第一届联合国大会第一阶段会议在伦敦举行。51个创始会员国的代表参加了这次会议,联合国组织系统正式开始运作。

联合国的正式徽记是一个从北极上空看下去的世界图,周围用一个橄榄枝圆环围绕着的图案。联合国旗帜的底色为浅蓝色,正中的图案是一个白色的联合国徽记。1945年,美国战略服务处为在旧金山召开的"联合国家国际组织会议"设计了一枚联合国"国徽"。整个徽记是一幅以北极为中心、方位角等距离的世界地图投影平面图。地图上的陆地为淡蓝色,水域为白色,其8条经线延伸至南纬60°C,纬线由5个同心圆表示。图案由两根交叉的金色橄榄枝组成的花环相托,象征世界和平。"国徽"上还有联合国的名称缩写"UN"。

《联合国宪章》规定联合国的宗旨是维护国际和平与安全;发展国际间以尊重各国人民平等权利及自决原则为基础的友好关系;进行国际合作,以解决国际间经济、社会、文化和人道主义性质的问题,并且促进对于全体人类的人权和基本自由的尊重。简单地说,联合国就是维护国际和平与安全,促进国际合作与发展。

联合国的原则是:各会员国主权平等;以和平方式解决国际争端,不应危及和平、安全和正义;在国际关系中不得对其他国家进行威胁或使用武力;不干涉任何国家的内政。

几十年来,联合国历经国际风云变幻,在曲折的道路上成长壮大,为人类的和平与繁荣作出了重要贡献。它在实现全球非殖民化、维护世界和平和安全、促进社会和经济发展等方面取得了令人瞩目的成就。截至2005年9月,联合国的会员国由创建时的51个增加到191个,已成为当代由主权国家组成的最具普遍性和权威性的政府间国际组织。据联合国公布的材料,1948年以来,安理会共授权进行了60余项维和行动。另外,联合国还先后组织制定了从不扩散核武器到和平利用外层空间等数百个国际条约。自20世纪60年代以来,大批新独立的国家先后加入联合国,这对联合国的地位和作用的变化产生了深远的影响。联合国在维护世界和平与安全,促进经济、社会的发展,以及实行人道主义援助等方面发挥着积极作用。但是联合国也有局限性。如何适应国际形势发展的需要以发挥更大的作用,联合国面临诸多挑战,其改革任重而道远。

中国是联合国的坚定支持者,也是重要合作伙伴。作为联合国的创始会员国和安理会常任理事国,中国始终坚持在和平共处五项原则基础上同世界各国建立和发展友好关系,积极参加联合国各领域的活动,支持联合国为维护和平、促进发展发挥核心作用。几十年来,中国以实际行动履行了对《联合国宪章》的承诺。

新中国成立后,中国积极支持第三世界国家争取民族独立的斗争,在广大亚非拉国家中广交朋友。此外,中国独立自主的和平外交政策也赢得了国际社会大多数国家的理解和支持。这些努力巩固和提高了中国在联合国和国际社会的重要地位。

中国与联合国的关系经历了曲折的过程。尽管是联合国的创始国,但1949年中国人民获得解放的时候,由于美国等西方国家的阻挠,新中国被排除在联合国之外。这种不正常现象持续了20多年,一直到1971年,经过中国自身坚持不懈的斗争和世界主持正义的国家、特别是第三世界国家的支持,中国才恢复了在联合国的合法席位和权利。

1971年10月25日,第26届联合国大会以压倒多数通过决议,恢复中华人民共和国在联合国的一切合法权利,并立即把台湾当局的代表从联合国组织及其所属一切机构中所非法占据的席位上驱逐出去。

中国参与联合国事务也经历了一个由不活跃到活跃的过程。中国刚恢复席位时,由于对多边外交未形成明确认识,中国对联合国的有些问题采取了回避的态度。随着中国对联合国了解的增多和改革开放政策的实施,中国越来越重视多边外交,对联合国事务的参与日趋积极和深化。目前,中国已积极参与到联合国维和、发展、人权、裁军、环保等各个领域的活动中去。

在维和方面,多年来中国在联合国框架内为妥善解决柬埔寨、中东、伊拉克、非洲等国家和地区的热点问题发挥了建设性作用。目前,中国有1 500人正在参与11个维和行动,是安理会5个常任理事国中派遣维和人员最多的国家。

在发展方面,20世纪90年代以来,联合国举办了一系列有关发展问题的重要会议。中国通过"77国集团+中国"机制,与发展中国家一起提出了许多有利于实现共同发展的合理主张和要求,并已不同程度地反映到联合国的有关文件、决议和行动中。在包括中国在内的广大发展中国家的努力下,联合国千年首脑会议确定的千年发展目标,已经成为推动全球发展的重要努力方向。

此外,中国还广泛参与联合国社会领域的活动,积极推动在社会、科技、文化、卫生、预防犯罪、禁毒等领域的国家交流与合作。

第二节 中国外交

一、和平与发展是当今世界两大主题

20世纪上半叶人类两度遭受世界大战的劫难。饱受战乱之苦的世界各国人民渴望和平,反对战争。20世纪下半叶,经过全世界爱好和平的人民的共同努力,虽然仍然有局部战乱,但总体上维持了和平局势,没有爆发世界性的战争。

尤其是第二次世界大战以后,在相对和平的国际环境中,世界经济迅猛发展。第二次世界大战后的50多年,世界生产总值增长超过10倍,世界各国之间的经济合作日益紧密,地区之间的合作也成为主要的方式。邓小平根据世界形势的变化,提出"和平与发展是当代世界的两大主题"。这是他从错综复杂、瞬息万变的国际矛盾中,抓住了制约、影响其他矛盾的主要矛盾。他谈到东、西、南、北四个字。一个是和平问题,一个是发展问题。因为和平与发展问题不仅反映了世界形势发展的大趋势,而且还反映了全人类的共同利益和迫切希望。世界要和平,国家要发展,社会要进步,经济要繁荣,生活要提高,已成为世界各国人民的普遍要求。但是20世纪90年代,国际形势发生急剧而深刻的变化。两极格局终结,各种力量重新分化组合,世界进入了新旧格局转换的过渡时期,多极化趋势继续发展。

和平与发展仍然是当今世界各国面临的两大问题。

1. 和平问题

和平问题是指维护世界和平、防止新的世界战争的问题。世界和平是人类社会存在和发展的基本条件,世界和平的维护将给各国经济发展和其他全球性问题的解决创造必要的前提。经过两次世界大战的洗礼,在相当长的时期内,避免新的世界大战是可能的,但冷战思维依然存在,霸权主义和强权政治仍然是威胁世界和平与稳定的主要根源。不公正、不合理的国际经济旧秩序严重损害发展中国家的利益。贫富差距不断扩大。

借口"人权"等问题,以政治、军事、经济手段干涉他国内政的现象还很严重。民族、宗教矛盾、边界领土争端等因素引发的局部冲突时起时伏。西方国家插手和利用这些纠纷,使问题更加复杂化。国际上各种形式的恐怖活动危害着人们的安宁生活,贫困、毒品

等问题更加突出。总体和平、局部叛乱,总体缓和、局部紧张,总体稳定、局部动荡,仍是国际局势发展的基本态势。世界人民还面临着争取和维护世界持久和平的艰巨任务。

2. 发展问题

发展问题是指世界经济的发展。特别是发展中国家经济的发展问题。

第二次世界大战结束以来,在相对和平的国际环境中,世界经济有了很大发展,发展的规模和速度超过了以往的任何历史时期。经济全球化是当今世界的一个基本经济特征。世界经济发展趋于注重提高质量,知识经济方兴未艾,经济可持续发展日益受到关注。追求发展也成为时代的主流。但是,当今世界仍是贫富悬殊的世界,发展中国家和发达国家的贫富差距越来越大。不公正、不合理的国际经济旧秩序还在损害着发展中国家的利益。发展中国家比较普遍地存在贫穷和饥饿现象。落后、贫困、危机和债务,这些挥之不去的阴影仍然与人类相伴随。全球发展的最突出问题是南北发展不平衡。

2011年世界部分国家人均年收入排名(单位:美元)

排名	国家	人均收入	排名	国家	人均收入
1	卢森堡	108 832	170	厄立特里亚	398
2	挪威	84 444	169	中非	436
3	卡塔尔	76 168	168	几内亚	448
4	瑞士	67 246	167	莫桑比克	458
5	阿联酋	59 717	166	多哥	459
6	丹麦	56 147	165	乌干达	501
7	澳大利亚	55 590	164	几内亚比绍	509
8	瑞典	48 875	163	阿富汗	517
9	美国	47 284	162	坦桑尼亚	548
10	荷兰	47 172	161	尼泊尔	562

3. 维护和平、促进发展的有效途径

在当代,霸权主义和强权政治的存在是解决世界和平与发展问题的主要障碍。因此,世界的和平与发展这两个大问题至今一个也没有解决。为了和平与发展,必须坚决地反对霸权主义和强权政治,改变旧的国际秩序,建立以和平共处五项原则为基础的有利于世界和平与发展的国际新秩序。

建立国际政治经济新秩序,就要保障各国享有平等参与国际事务的权利,保障各个民族和各种文明共同发展的权利。中国政府多次声明,愿意同各国政府一道为建立公正、合理的国际政治经济新秩序而努力。

4. 世界多极化的发展趋势和发展的曲折性

世界多极化作为一种历史趋势,大体上是在20世纪90年代才出现的。众所周知,二战结束后,以雅尔塔体系为标志形成两极格局:一边是以苏联为首的社会主义阵营,另一边是以美国为首的西方国家阵营。两大阵营之间的矛盾和斗争,成为世界的主要矛盾。

从20世纪60年代起,世界范围的民族解放运动风起云涌,一系列亚非国家纷纷独立,两大阵营内部一些国家不满于超级大国的控制,表现出强烈的独立自主倾向,阵营内部出现裂痕乃至公开的冲突。此刻,已催生了世界多极化的萌芽。

90年代初,东欧剧变,苏联解体,两极格局正式宣告结束,世界多极化趋势跃然而出。

目前,世界正在形成若干个政治经济力量中心。美国、欧盟、俄罗斯、中国、日本等大国和国际组织在国际社会中扮演着重要角色。

世界多极化发展道路是曲折的。世界的力量组合和利益分配正在发生新的深刻变化。但不公正不合理的国际政治经济旧秩序没有根本改变,影响和平与发展的不确定因素在增长,天下仍很不太平。特别是2001年发生"9·11"事件后,世界上的不安定因素骤然增加,国际局势呈现一系列新的特点。

广大发展中国家是反对霸权主义和强权政治、促进世界和平与发展的重要力量,是推动建立公正、合理的国际政治经济新秩序的主力军,是我国在国际舞台上的同盟军。

5. 抓住机遇,迎接挑战

世界格局的变化,各国目标的调整,形成了国家间既合作又竞争的局面。要对话与合作,不要对抗与冲突已经成为越来越多国家的共识。各国人民要求友好相处的呼声日益高涨。国家间在加强合作的同时,竞争也在加剧。国际竞争表现在各个领域,有经济竞争、文化竞争、军备竞争、人才竞争、科技竞争等。当前国际竞争的实质是以经济和科技实力为基础的综合国力的较量。当今世界,发展经济和科学技术是世界大多数国家关心的问题,各国之间的竞争也越来越多地转向经济和科技领域。世界多数国家都以发展经济和科技作为国家的战略重点,努力增强自己的综合国力,力图在世界格局中占据有利地位。

发展才是硬道理。大力加快我国社会主义现代化进程,全面建设惠及十几亿人口的更高水平的小康社会,增强国家实力,这是我国自立于世界民族之林的根本。当前,我们要落实科学发展观,实现跨越式发展,尤其要着力于发展科学技术和提高国民素质,增强综合国力,积极参与国际合作与竞争。

6. 国际关系及其决定因素

国家之间、国际组织之间以及国家和国际组织之间的关系,是我们通常说的国际关系。其中,最主要的是国家与国家之间的关系。

国际关系的内容是多方面的,有政治关系、经济关系、文化关系、军事关系等。国际关系的形式也是多样的,竞争、合作和冲突是其基本形式。

国家之间为什么出现分离聚合、亲疏冷热的复杂关系?这里面有很多因素,包括政治的、经济的、文化的、历史的、地理的等各个方面。在各种因素中,国家利益是起决定性作用的因素。由于国家具有阶级性,在通常情况下,一个国家的国家利益首先体现了占统治地位的阶级的利益。

国家之间交往的主要方式有以下几种:

贸易。例如,农产品、机电产品、药物、电器等的买卖。

文化、科技、教育、医疗等方面的交流。例如，各种国际专业会议，文艺团体的演出，教师与学生的交流，艺术展览等。

外交。例如，国家元首、政府首脑、领导人的互访，国与国之间的代表聚商，讨论双方共同关注的问题，寻求和平解决问题的途径。

缔结条约或协定。例如，签订建立合作关系条约、共同防御条约、合作保护环境条约等。

使用武力。例如，美国对伊拉克的战争等。

各国间存在着复杂的利益关系，既存在某些共同的利益，也存在利益的差别和对立。国家间的共同利益是国家合作的基础，而利益的对立则可能使国家间发生分歧或引起摩擦乃至冲突。由于各国的国家性质与追求的国家利益不同，执行的对外政策不同，国家间矛盾和利益交织，使国际关系纷繁芜杂。因此，国际社会需要协调国家间的利益，处理好国家间的矛盾，以促进国际关系的健康发展。

任何国家都不应以维护本国国家利益为理由，侵犯别国的主权和安全，干涉别国的内政。侵犯别国主权、干涉别国内政的行为，是非正义的、错误的，应当受到谴责和反对。从根本的、长远的观点看，这样的行为也会损害本国和本国人民的利益。

国家力量是影响国际关系的重要因素。国家力量又称为国家实力、综合国力。它是主权国家赖以生存和发展的基础，是捍卫本国利益、实现国家目标和影响别国的能力，是衡量一个国家在国际社会的地位、作用和影响的重要尺度。

在当代国际社会中，中国坚定地维护自己的国家利益。我国是人民当家做主的社会主义国家，维护国家利益就是维护广大人民的根本利益，具有正当性和正义性。我国的国家利益主要内容包括：安全利益，如国家的统一、独立、主权和领土完整；政治利益，如我国政治、经济、文化等制度的巩固；经济利益，如我国资源利用的效益、经济活动的利益和国家物质基础的增强等。

二、我国独立自主的和平外交政策及外交成果

1. 我国独立自主的和平外交政策

我国在维护自身利益的同时，尊重其他国家合理的国家利益，并维护各国人民的共同利益。

外交政策是指主权国家对外活动的目标和所采取的策略、方式及手段。新中国的成立和社会主义制度的建立，消除了我国百年来屈从于外国侵略、奴役的社会根源。我国正在进行的社会主义现代化建设亟需和平的国际环境。我们绝不允许别国侵犯我国的国家利益、主权和领土完整，我国也绝不侵犯别国的利益、主权和领土完整。我国的国家性质和国家利益决定了我国奉行独立自主的和平外交政策。党的十七大以来，我国更加明确地指出我国的外交政策是：中国将始终不渝走和平发展道路，推动建设持久和平、共同繁荣的和谐世界。

维护我国的独立和主权，促进世界的和平与发展，是我国外交政策的基本目标。维护我国的独立和主权，就是维护我们国家和民族的最高利益。促进世界的和平与发展，符合中国人民和世界人民的共同愿望和根本利益，是时代的要求，是不可阻挡的历史潮流。维

护世界和平、促进共同发展是我国外交政策的宗旨。

独立自主是我国外交政策的基本立场。独立自主就是在国际事务中坚决捍卫国家的独立、主权和领土完整,对国际问题自主地决定自己的态度和对策。

我国独立自主的表现在于:

捍卫我国的独立、主权和领土完整,在涉及民族尊严和国家利益问题上,绝不屈服于任何外来压力。

我国处理一切对内对外事务的独立自主权利神圣不可侵犯,绝不允许别国以任何借口侵犯我国主权,干涉我国内政。

处理国际问题,根据其本身的是非曲直决定自己的态度和政策。

尊重别国人民选择符合本国国情的社会制度。

和平共处五项原则是我国对外关系的基本准则。它包括互相尊重主权和领土完整、互不侵犯、互不干涉内政、平等互利、和平共处。五项原则构成一个有机整体。

2. 中国的外交成果

新中国建立以来,我国在外交领域取得了令人瞩目的成就。建国之初我国具有临时宪法作用的《中华人民共和国人民政治协商会议共同纲领》规定了我国外交政策的原则,毛泽东形象地指出三条外交原则:"另起炉灶",就是与旧中国"屈辱外交"彻底决裂,建立新的外交关系;"打扫干净屋子再请客",就是取消一切不平等条约,在新的基础上同各国建立外交关系;"一边倒",就是坚定地站在社会主义国家一边。中国外交的崭新篇章由此翻开。

20 世纪 50 年代,周恩来总理在对外交往关系中系统地阐述了和平共处五项原则,并以此作为我国对外关系的基本原则。和平共处五项原则的内容是:互相尊重主权和领土完整、互不侵犯、互不干涉内政、平等互利、和平共处。这五项原则最先是周恩来总理于 1953 年 12 月底在会见来访的印度代表团时提出的。

和平共处五项原则已逐步为世界大多数国家所接受,不仅在各国大量的双边条约中得到体现,而且被许多国际多边条约和国际文献所确认。1970 年第 25 届联大通过的《关于各国依联合国宪章建立友好关系及合作的国际法原则宣言》和 1974 年第 6 届特别联大《关于建立新的国际经济秩序宣言》,都明确把和平共处五项原则包括在内。

五十年来,和平共处五项原则经受了国际风云变幻的考验,显示了强大的生命力,在促进世界和平与国际友好合作方面发挥了巨大作用。中国不仅是和平共处五项原则的倡导者,而且是其忠诚的奉行者。

随着 1964 年中法建交,中国打开了同西方国家建交的大门;1971 年中华人民共和国恢复了在联合国的合法席位;1972 年美国总统尼克松访华,签署了中美联合公报。

在这五项原则的基础上,中国与绝大多数邻国解决了历史遗留的边界问题,与世界上 166 个国家建立了外交关系。

查一查

请你查资料说说我国政府在和平共处五项原则基础上积极发展同世界各国的友好合

作关系,有哪些实例。如同周边国家的关系;同发展中国家的关系;同发达国家的关系。

3. 中国特色的外交思想——构建人类命运共同体

在党的十九大报告中,习近平总书记对中国的外交政策取得的成果描述为:"全方位外交布局深入展开。全面推进中国特色大国外交,形成全方位、多层次、立体化的外交布局,为我国发展营造了良好外部条件。倡导构建人类命运共同体,促进全球治理体系变革。我国国际影响力、感召力、塑造力进一步提高,为世界和平与发展作出新的重大贡献。"

二次大战后,由美国建构和主导的世界秩序从冷战结束后到现在基本上已经涵盖全球。虽然我们需要承认这个世界秩序在促进世界和平与发展上有其积极贡献,但随着其他国家的崛起和多极化国际格局的逐步形成,美国的霸权主义上升责任意识却下降,世界各国对和平与发展的诉求与日俱增,这个世界秩序的不公平性和不合理性越来越明显,而其对所有国家,包括西方国家自己的安全和发展的负面影响也在逐步浮现。因此,世界上重塑世界秩序的呼声越来越响亮。中国特色的外交思想正是应运而生,越来越受到国际社会尤其是发展中国家的重视,而中国特色的外交思想也是在国际上不断增强的中国软实力的主要组成部分。

中国特色的外交思想和方略的提出,并非要彻底推翻现存的世界秩序,而是要对现存的世界秩序进行改进或改良,让它能更满足新时代和新世界的需要,让中国能够为世界和平与发展作出新的贡献。中国特色的外交思想的核心,是要推动建构人类命运共同体。这个理念坚信世界各国日益相互依存、命运与共。许多威胁到全人类福祉的问题,只能在各国共同努力下才能有效应对。习总书记指出,那些威胁和共同挑战包括:"世界面临的不稳定性不确定性突出,世界经济增长动能不足,贫富分化日益严重,地区热点问题此起彼伏,恐怖主义、网络安全、重大传染性疾病、气候变化等非传统安全威胁持续蔓延。"各国人民携手并肩、共同承担对全人类的责任乃是刻不容缓的事情。

建构人类命运共同体,不同国家和民族的利益必须得到照顾,世界文明的多样化必须得到维持,各国人民选择自己的发展道路的权利必须得到尊重。不能把西方文明取代其他文明,不能把西方发展道路强加于他人,不能把西方价值观视为放诸四海皆准的"普世价值",更不能以人权高于主权为由干涉别国内政。

中国特色的外交思想认为,世界格局正在走向多极化,美国意图维护的由美国主导的单极世界难以持久。推动多极世界的出现并制定相应的、为各国所接受的、能够行之久远的国际秩序和"游戏规则"至关重要。新的世界秩序要取得"合法性",并达致公平正义和世界和平,必须要让世界各国能够在平等参与和互利共赢的基础上共同建构,而只有在新的世界秩序上才能建立起公平公正和行之有效的全球治理体系。中国秉持共商共建共享的全球治理观,倡导国际关系民主化,坚持国家不分大小、强弱、贫富一律平等,支持联合国发挥积极作用,支持扩大发展中国家在国际事务中的代表性和发言权。中国将继续发挥负责任大国作用,积极参与全球治理体系改革和建设,不断贡献中国智慧和力量。

中国将高举和平、发展、合作、共赢的旗帜,恪守维护世界和平、促进共同发展的外交政策宗旨,坚定不移在和平共处五项原则基础上发展同各国的友好合作,推动建设相互尊重、公平正义、合作共赢的新型国际关系。中国奉行防御性的国防政策。中国发展不对任何国家构成威胁。中国无论发展到什么程度,永远不称霸,永远不搞扩张。中国积极发展全球伙伴关系,扩大同各国的利益交汇点,推进大国协调和合作,构建总体稳定、均衡发展的大国关系框架,按照亲诚惠容理念和与邻为善、以邻为伴的周边外交方针深化同周边国家关系,秉持正确义利观和真实亲诚理念加强同发展中国家团结合作。

概括地说中国在对外关系中观点为:第一,中国的崛起并成为举足轻重的大国,并不意味着要称霸、要建立一个由中国主导的单极世界;第二,中国不相信中国的崛起会引发"修昔底德陷阱"而发生大国之间的战争;第三,作为大国,中国自觉且有责任协助和推动发展中国家的发展,让它们得以分享中国发展的红利,从而促使"人类命运共同体"的形成。

4. 中国的外交方略

一是中国积极参与现有的世界秩序,并通过参与来推动其逐步改革,从而减少其对非西方国家的不公平性。二是中国在力所能及的条件下承担对国际社会的责任,尤其在维护世界和平方面。三是中国推动和参与新的国际组织的建设。四是中国积极利用各种国际平台宣传和推广中国特色的外交理念,并驳斥各种对中国的不公不正的批评和责难。五是中国已经成为全球化的拥护者和捍卫者,积极支持自由贸易和反对任何形式的保护主义与封闭主义。

习近平同志所作的党的十九大报告在外交部分开宗明义地强调,"中国共产党是为中国人民谋幸福的政党,也是为人类进步事业而奋斗的政党。中国共产党始终把为人类作出新的更大贡献作为自己的使命"。如此庄重而鲜明地昭示党的伟大世界使命,在党的历届代表大会报告中还是第一次。这充分表明我们党更加明确地把中国人民的命运同世界人民的命运密切联系在一起,给中国外交赋予更加宽广的思维、更加丰富的内涵和更加宏大的战略目标,也标志着中国特色大国外交进入新时代。

中国外交伴随着"站起来、富起来到强起来"的演变,经历三个相互关联又各具特色的历史时代

1949年,刚获得民族解放和独立的社会主义新中国,外交方面最重要的历史任务是维护国家的独立、主权、领土完整和民族尊严,打开国际局面,在世界上赢得广泛的承认、支持和尊重,为社会主义和平建设争取有利的国际环境。毛泽东和周恩来等老一辈党和国家领导人,根据那个时代的国际国内形势特点,制定了独立自主的和平外交政策,倡导了和平共处五项原则,提出"三个世界"理论,建立反对帝国主义和殖民主义国际统一阵线,确定各种具体方针政策和措施,指导中国外交赢得一个接一个胜利,从根本上改变了中国的国际环境。毛泽东外交思想为我国外交奠定了坚实雄厚的基础,为中华民族站起来作出卓绝的丰伟贡献。

1978年党的十一届三中全会作出"把全党工作重点转移到社会主义建设上来"这一极其重要的决定,开辟了改革开放的发展道路,中华民族进入富起来的历史时代。邓小平运用辩证思维方法纵观国际风云变幻,洞察国内外形势发展,结合我国现代化建设的要求,以实事求是的科学态度,在继承和发展毛泽东外交思想的基础上,对我国外交政策进

行了全面深刻调整和创造性发展,创立了富有特色的邓小平外交思想。在错综复杂的国际局势剧烈变化中,指导着我国坚定维护国家主权和尊严,确保改革开放不断深入,推动国民经济持续高速发展,成为中华民族实现"富起来"的最可靠基础和保证,丰功伟绩彪炳千秋。

党的十八大以来,以习近平同志为核心的党中央,深刻洞察世界潮流的新动向,全面把握国际形势的新变化,站在时代潮头,结合中国国际地位新形势和发展新要求,在保持对外大政方针连续性基础上,提出一系列新理念、新思想、新举措,积极推进中国特色大国外交理论与实践创新,使我国外交呈现出辉煌壮丽的新局面,展现出蒸蒸日上的新气象。

党的十八大以来,习近平同志在外交理论上和实践上都有系统创新与发展,主要新思想和新理念有:共建人类命运共同体;打造对话不对抗、结伴不结盟的伙伴关系;建立以不冲突不对抗、相互尊重、合作共赢为核心的新型国家关系;倡导共同、综合、合作、可持续的新安全观;推进共建"一带一路"倡议;提出"真、实、亲、诚"对非工作方针以及"亲、诚、惠、容"周边外交理念;主张正确义利观等。在实践上主要体现在:完善我国外交战略规划与总体布局;全面运筹大国关系,妥善处理好与美、俄、欧三大力量关系,保持我国主动有利地位;积极经略和塑造周边,坚决而稳重地应对和解决东海问题、南海问题等周边的复杂挑战;扩大和深化与发展中国家的团结合作,开创对非洲、拉美、阿拉伯国家合作新局面,打造同中东欧国家互利合作新框架;引导和推进上合组织和金砖国家的新型合作;建立亚洲基础设施投资银行、金砖国家新开发银行和应急储备安排,打破西方国家长期垄断国际金融领域局面;在全球治理中发挥日益显著的引领作用,在处理和解决国际和地区问题上提出中国方案,贡献中国智慧,展现中国力量。所有这些,都得到世界各国广泛赞誉,成为中国特色大国外交成就的一个个亮点,彰显出作为世界大国的崭新风采。这充分证明习近平外交思想已成为我国新时代外交的战略与策略主导。

习近平外交思想的发展,与国际和国内形势的演变分不开。就国际而言,人类进入21世纪以来,国际形势一直处于深刻而复杂的变化之中。随着广大发展中国家的蓬勃发展,特别是一大批新兴经济体的迅猛崛起,世界发展中国家与发达国家的力量对比发生了重大变化,日益鲜明地改绘着全球政治和经济版图。西方世界几百年垄断国际主导地位的体制、思想和理念暴露出越来越严重的缺陷与弊端。二战以后以美国为首的西方国家建立的国际秩序和机构规章中不公平、不合理和不符合时宜的诸多事项,成为新兴力量强烈要求改变和改革的主要对象。西方顽固坚持的所谓普世道路、理念和模式日益失灵,既难以应对世界发展出现的新问题,也不能解决这些国家本身存在的新麻烦。近年来美欧国家出现的各种纷乱现象和尖锐问题,进一步显示出西方国家制度的弊端。世界人民呼吁新的全球治理思想、理念引导,要求出现新的主持正义和公正的领导力量。

新时代的中国外交具有更加宽广的胸怀和更远大的目标

从国内外形势看,一方面经过新中国成立68年来,特别是改革开放近40年来的艰苦努力和快速发展,我国"比历史上任何时期都更接近、更有信心和能力实现中华民族伟大复兴的目标",进入由"富起来"转向"强起来"的新时代;另一方面,我国高举和平、发展、合作、共赢的旗帜,恪守维护世界和平、促进共同发展的外交政策宗旨,坚定不移在和平共处五项原则基础上发展同各国友好合作,推动建设相互尊重、公平正义、合作共赢的新型国际关系,赢得国际广泛尊重与赞许,国际地位和影响大幅提升,国际作用更加彰显,使我国比任何时候都更走近世界舞台中央。国际和国内形势发展要求新的外交导向,习近平外交思想应运而生。

习近平在党的十九大报告中提出"中国共产党始终把为人类作出新的更大贡献作为自己的使命"。早在新中国成立初期毛泽东就提出,中国"应当对于人类有较大贡献"。邓小平也一再强调:"中国在国际上有特殊的重要性,关系到国际局势的稳定与安全。""我们国家发展了。更加兴旺发达了,我们在国际事务中的作用就会大",中国应当对人类有较大贡献。这要求新时代的中国外交应具有更加宽广的胸怀和更远大目标,既立足中国,也放眼世界,对国内国外两个大局输入新的思路和涵义。

我国的"世界观"与美国谋求世界霸权的观念和目的有本质的不同。我国早就向世界庄严宣布,中国决不谋求世界霸权,现在不会,将来强大起来也不会。我们清醒地看到,中国特色社会主义进入新时代,但我国仍处于并将长期处于社会主义初级阶段的基本国情没有变,我国是世界最大发展中国家的国际地位没有变。我们刚刚步入由"富起来"到"强起来"过渡的历史进程,实现全国各族人民真正完全的富裕,还需继续以经济建设为中心,实现"强起来"也需不断加强物质基础和文明基础,以更加雄厚的综合国力为坚实后盾。

进入新时代的中国特色大国外交面临新的发展机遇和广阔前景,肯定也要面对诸多新的甚至更加严峻的挑战。在党的十九大精神激励下,在习近平外交思想指导下,必能继续砥砺奋进,不断赢取更多更大成就,创建新的辉煌。

 练习与思考

美国众议院在2018年1月9日一致通过为美台高层互访解禁的"台湾旅行法",要求美国政府"鼓励美台所有级别官员的互访交流"。如果该法也获参院通过,并得到总统签字成为美国法律,意味着台湾所谓"总统""副总统""行政院长""外交部长""国防部长"等都将可以访问华盛顿。

外交部发言人耿爽此前已对所谓的"台湾旅行法"在美参院外委会通过一事回应:该议案有关条款尽管没有法律约束力,但严重违反一个中国原则和中美三个联合公报规定,如获通过实施,将对中美关系及台海局势造成严重干扰。"一个中国原则是中美关系的政治基础。我们敦促美方信守在台湾问题上向中方作出的承诺,停止审议有关议案,妥善处理涉台问题,维护两国关系和台海局势稳定。"。

2018年两会期间,国台办主任张志军在部长通道上对台湾问题做了如下回应:

关于统一,这是所有中华儿女的共同愿望,也是中华民族的共同利益所在,两岸同胞是打断骨头连着筋的,是血浓于水的一家人。所以和平统一最符合两岸同胞的根本利益,这也是为什么我们始终坚持,以最大诚意,尽最大努力去争取和平统一的前景。

但是我更要强调的,是针对台湾今天出现的这些极其消极的动向讲几句话:如果有人错判形势,执意推动"台独"分裂、拆房毁田,拆毁我们这个家,包括台湾同胞在内的所有中国人都绝不答应,整个中华民族也绝不会答应!他们这样做必定是徒劳的。我们有坚定的意志,有充分的信心,更有足够的能力,来遏制住各种形式的"台独"分裂行径!

请思考:外交部和国台办发表的这些严正的声明体现了我国新时代外交的什么思想?